AF532215

MUSÉE PICASSO 8
245 Werke des spanischen Meisters im schönsten Gebäude von Antibes, dem Schloss Grimaldi.
Tipp: Das beste Panoramabild gibt es vom Square Albert 1er: Stadtmauer, Château Grimaldi und (schneebedeckte) Alpen.

➤ S. 118

VILLA ET JARDINS EPHRUSSI DE ROTHSCHILD 6
Eine herrschaftliche Villa am Cap Ferrat, umgeben von herrlichen Gärten.
Plan genug Zeit für den Besuch ein: In den Gärten ergeben sich Motive in Hülle und Fülle.

➤ S. 48

BOULEVARD DE LA CROISETTE 9
Palmen, Hotelpaläste, Strandbars. Cannes' Promenade erfüllt alle Vorstellungen von der Côte d'Azur.

➤ S. 128

FONDATION MAEGHT 7
Kunstschätze im Hinterland – Werke von Chagall, Giacometti, Léger und Miró sind in Saint-Paul-de-Vence versammelt.
Tipp: Im Skulpturengarten bekommst du Giacomettis Werke, umgeben von Pinien, besonders schön vor die Linse.

➤ S. 50

PALAIS PRINCIER 10
Das Wahrzeichen Monacos, die Residenz der Fürstenfamilie Grimaldi.
Tipp: Jeden Tag um 11.55 Uhr findet vor dem Palast die feierliche Wachablösung statt.

➤ S. 138

INHALT

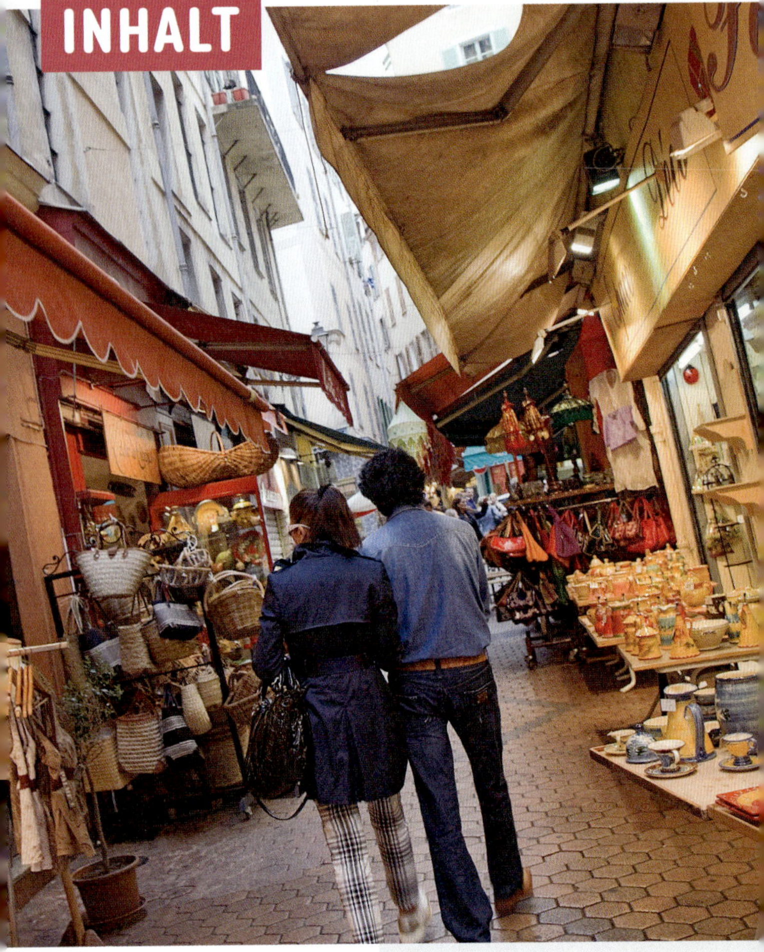

BESSER PLANEN
MEHR ERLEBEN!

Digitale Extras
go.marcopolo.de/app/niz

⏲	Besuch planen	☂	Bei Regen
€–€€€	Preiskategorien	🐖	Low Budget
			Mit Kindern
		⚑	Typisch

(🗺 A2) Herausnehmbare Faltkarte
(🗺 a2) Zusatzkarten auf der Faltkarte
(🗺 0) Außerhalb des Faltkartenausschnitts

NIZZA
ANTIBES CANNES
MONACO
INSIDER-TIPP
Deine Abkürzung ins Erleben!
Reisen mit MARCO POLO Insider-Tipps

MARCO POLO TOP-HIGHLIGHTS

RUE DROITE ★1

Heute enge Altstadtgasse mit Galerien, Bars und Restaurants, früher Adelsadresse und Verbindung zwischen den Stadttoren.

📷 *Tipp: Ein Spiel aus Licht und Schatten: Die Altstadtgassen sind perfekt zum Experimentieren!*

➤ S. 32

COURS SALEYA ★2

Nizzas Platz der Plätze – und der Märkte mit Blumen, Gemüse, Oliven ... (Foto)

➤ S. 31, 77

COLLINE DU CHÂTEAU ★3

Nizza von oben? Die beste Aussicht findest du, wenn du die ca. 370 Stufen erklimmst – oder den Aufzug durch den stillgelegten Wasserschacht besteigst.

➤ S. 34, 107

MUSÉE D'ART MODERNE ET D'ART CONTEMPORAIN ★4

Das Blau von Yves Klein, die Schreibschrift von Ben, gepresste Autowracks von César: Kunst des 20. Jhs. im MAMAC.

➤ S. 37

MUSÉE NATIONAL MARC CHAGALL ★5

Chagalls Vermächtnis in einem eigenen Museum: Seine biblische Botschaft steckt voller Farben, Formen und Licht.

➤ S. 42

INHALT

MARCO POLO

DIGITALE EXTRAS

DIGITAL NOCH MEHR ERLEBEN

Schneller in Urlaubslaune kommen.

Perfekt organisiert sein – vor, während und nach dem Urlaub.

Mit der MARCO POLO Touren-App und unseren digitalen Angeboten.

Noch mehr Trendziele, Inspiration und aktuelle Infos findest du auf **marcopolo.de**

Werde Teil unserer Reise-Community und folge uns auf **Instagram** und **Facebook!**

SO EINFACH GEHT'S

1. Website besuchen
2. Die digitale Welt von MARCO POLO entdecken
3. App runterladen und ab in den Urlaub

Alle Infos zum digitalen Angebot unter **marcopolo.de/app**

DAS BESTE ZUERST

Das Nizza-Motiv schlechthin: die palmenbestandene Promenade des Anglais

BEST OF

BEI REGEN

SCHÖN, AUCH WENN ES REGNET

GALERIEN TÜR AN TÜR
Zum Galerienhopping an Regentagen ist die *Rue Droite* perfekt. Hier reiht sich eine Galerie an die andere. Dann noch einen Blick in die *Église Saint-Jacques* werfen, ein Mittagessen im *Restaurant du Gésu* direkt gegenüber genießen – und der Tag ist gerettet.
➤ S. 32, 65

ABWARTEN UND KAFFEE TRINKEN
Brunchen bis spät in den Mittag hinein ist keine französische Erfindung. Aber es ist möglich! Im *Café Paulette* kannst du dich gemütlich mit süßen und salzigen Leckereien durch den Tag hangeln, bis die Sonne wieder scheint.
➤ S. 58

UNTERTAUCHEN
Während es oben regnet, begibst du dich auf eine kleine Zeitreise ins 14. Jh. und erkundest in der *Crypte Archéologique Pairolière* unter der Place Garibaldi die Überreste der historischen Festungsmauern. Ein versunkener Schatz unter dem Gewimmel der Stadt.
➤ S. 37

KLASSISCHER NACHMITTAG
Einen Versuch ist es wert: Die Opéra de Nice hat ab und zu Nachmittagsvorstellungen mit einem *Concert en Famille* auf dem Programm. Lass dich im Parkett in einen Sessel plumpsen und vergiss den Regen!
➤ S. 86

IM RAUSCH DER TIEFE
Imposant von außen und von innen ist das *Musée Océanographique* in Monaco. Mit seiner beachtlichen meereskundlichen Ausstellung und den fast 100 Aquarien setzte der seefahrende Fürst Albert I. sich und den Meeresbewohnern dieser Welt ein Denkmal (Foto).
➤ S. 139

BEST OF

LOW-BUDGET

FÜR DEN KLEINEN GELDBEUTEL

EIN SONNTAG BEI CHAGALL

Ein Museumsbesuch in Nizza ist nicht billig. Wenn es der Zufall will, dass du an einem ersten Sonntag im Monat in der Stadt bist, dann ab ins *Musée National Marc Chagall*. An dem Tag ist der Eintritt frei.

➤ S. 42

APÉRO AUF ITALIENISCH

Such dir ein freies Plätzchen, bestell dir einen Cocktail – und du bekommst dazu ein ganzes Häppchenbuffet – so geht Aperitif in Italien. Und im *Paneolio,* wo du zwischen 18 und 19.30 Uhr zu deinem Getränk italienische Apéro-Häppchen bekommst.

➤ S. 82

GÜNSTIGES NASS

Wenn es nicht unbedingt Markenwasser sein muss, bestell dir zum Essen eine *carafe d'eau* (Leitungswasser) – das ist in Frankreich vollkommen normal.

PARTY FOR FREE

Die *Waka Bar* verwandelt sich nach einem gemütlichen Barabend mit Sundowner an der Promenade zur Partylocation – und zwar ganz ohne Eintritt.

➤ S. 82

PARKEN LEICHT GEMACHT

Das *Park-&-Ride-System* der Straßenbahn machts möglich: kein Stau, kein Sichverfahren und vor allem keine teuren Parkgebühren. Rein ins Parkhaus und mit der nächsten Tram direkt ins Zentrum!

➤ S. 146

KINOLEGENDEN IN XXL

15 über die Stadt verteilte *Fresken* verzieren in Cannes die Fassaden (Foto) – Marilyn Monroe und James Dean in Übergrößen. Mit einem interaktiven Stadtplan kannst du dich auf diese besondere Stadttour begeben.

➤ S. 128

BEST OF MIT KINDERN

SPANNENDES FÜR GROSS & KLEIN

SÜSSE FRÜCHTCHEN
Wer es süß mag – nur hereinspaziert! Gezuckerte Mandarinen glitzern, kristallisierte Rosenblätter in Tütchen, Veilchenbonbons, Orangenscheiben mit Schokoglasur ... Ein Blick in die Werkstatt der *Confiserie Florian* lohnt sich: Hier wird aus Obst und Blüten Süßes (Foto).
➤ S. 73

AUF DIE RÄDER, FERTIG, LOS!
Am schönsten, schnellsten und mit viel Spaß kommst du auf der Promenade mit dem Fahrrad voran – auf 14 km zieht sich der Radweg entlang der Küste von Nizzas Hafen bis nach Villeneuve-Loubet. Die Räder dazu gibt es z. B. bei *Vélobleu* oder *Bike Trip*.
➤ S. 145

SCHLECKSPASS
Das Tollste an einem heißen Sommertag? Klar, ein großes Eis. Noch besser: in einer frisch zubereiteten Waffel. Egal, was du reinpackst, ob Crème-brûlée- oder Zitronentarte-Eis oder die Klassiker Erdbeere und Zitrone: Alles schmeckt fruchtig-cremig-lecker in der Eisdiele *Azzurro!*
➤ S. 58

WASSER, MARSCH!
Der 3000 m^2 große Wasserspiegel mit seinen 128 Fontänen auf der *Promenade du Paillon* ist eine phantastische Erfrischung. Badeklamotten nicht vergessen! Weniger feucht: der Themenspielplatz „Meer" mit den Holzklettergerüsten Wal, Delphin und Schiff.
➤ S. 34

MOTORENSUMMEN
Konkurrenzlos sind die Monegassen, wenn es ums Formel-1-Motorengeheul geht. Oder eben ums Motorengesumm. Denn auch die *FIA-Formel-E-Meisterschaft* begeistert jedes Jahr ganz Monaco.
➤ S. 93

KÜCHE À LA NIÇOISE

Die Nizzaer Küche eignet sich bestens für einen mediterranen Mittagssnack: ein Stück *socca* in der Altstadt oder bei *Chez Pipo* am Hafen oder ein *pan bagnat* am *Kiosque Tintin* oder bei *La Gratta*.

➤ S. 58

KRÄUTERDUFT LIEGT IN DER LUFT

In Antibes führt kein Weg am *Marché Provençal* vorbei. Neben frischem Obst und Gemüse gibt es Kräuter, Honig, getrocknete Tomaten *(tomates sechées)*, Seifen und alles, was nach Süden duftet.

➤ S. 121

MUSCHELN, GARNELEN & CO.

In Nizza gibt es einige Spezialisten für Meeresfrüchte. Das *Café de Turin* ist der bekannteste unter ihnen. Ein Fest für die Muschelknacker und Garnelenpuler unter den Gourmets!

➤ S. 63

HELAU UND ALAAF AUF NIÇOIS

Meterhohe Pappmachéfiguren ziehen im Februar durch Nizzas Straßen und bei der legendären *Blumenschlacht* fliegen Blumen von den blütenübersäten Festwagen.

➤ S. 20

CÔTE D'AZUR ON FIRE

Eine Institution an den Stränden von Monaco bis Cannes sind die sommerlichen Feuerwerke mit Musik. Kaum eine Woche, in der der nächtliche Himmel nicht farbenprächtig erstrahlt. Höhepunkt: das *Festivald'Art Pyrotechnique* in Cannes.

➤ S. 93

STRÄNDE VON SAND BIS STEIN

Im Sommer herrscht an den Stränden Hochbetrieb, im Winter Beschaulichkeit: in Nizza zu Füßen der Promenade, in Antibes am Sandstrand mit Blick auf die Seealpen, in Cannes zwischen den Liegen der Nobelhotels (Foto).

SO TICKT NIZZA

Italienisches Piazzaflair: Halb Nizza flaniert auf der autofreien Place Masséna

VISITES TOURISTIQUES
PETITS TRAJETS

ENTDECKE NIZZA

Die Flaniermeile der Stadt rund ums Jahr: die Promenade des Anglais

Nizza ist bunt wie ein Regenbogen: blau die Bucht, rot die Dächer, ockergelb die Häuser und kunterbunt die Märkte. Das mediterrane Licht lässt die Farben intensiver leuchten als anderswo – und das an über 300 Sonnentagen im Jahr. Marktbesuche, Wellenrauschen auf den Kieseln, laue Abende in den Altstadtbars – in Nizza schwebt man durch den Tag.

TRADITION UND MODERNE

Nizza ist weltoffen, jung und dynamisch. Rund 343 000 Menschen leben hier; die Hälfte von ihnen sind unter 40. Das Leben in der Stadt ist ein buntes Gemisch aus Einheimischen, Zugezogenen und Touristen, aus Flaneuren und Joggern, Familien und Studenten. Kontrastreich ist das Angebot, mit dem Nizza dich überraschen wird: Restaurants im traditionellen provenzalischen Stil neben mo-

350 v. Chr. Gründung der Stadt Nikaïa, benannt nach der griechischen Siegesgöttin Nike

1388 Die Grafschaft Nizza wird Teil des Herzogtums Savoyen

1543 Belagerung Nizzas durch osmanische Truppen. Erfolgloser Rückzug, da sie laut Überlieferung von der Wäscherin Catherine Ségurane in die Flucht geschlagen werden

1860 Volksentscheid: Nizzas Einwohner entscheiden sich für den Anschluss an Frankreich

um 1900 Nizza wird Nizza wegen seines milden Klimas zum belieb-

derner, experimenteller Küche; Museen mit Werken aus vergangenen Epochen neben junger, innovativer Kunst; schicke Strandbars neben öffentlichen Stränden mit bunten Sonnenschirmen. Und auch wirtschaftlich ist die Region um Nizza von Bedeutung: Sie lebt in erster Linie vom Tourismus. Außerdem ist Nizza Universitäts- und Kongressstadt und mit dem Techpark Sophia Antipolis – das mit über 2500 Unternehmen als das Silicon Valley Frankreichs gilt – ist die Informationstechnologie der Hauptwirtschaftszweig des Departements.

EIN KLIMA ZUM VERLIEBEN

Morgens Küste, mittags Berge – warum eigentlich nicht? Die Seealpen ragen direkt hinter Nizza in den Himmel; vor der Küste leuchtet in hellem Türkis das Meer. Nizza liegt in einer Region, die von der Natur großzügig bedacht ist. Unschlagbar ist das Klima hier im südöstlichsten Zipfel Frankreichs: warme Sommer und milde Winter mit einer Durchschnittstemperatur von zehn Grad, ohne dass es dabei trist und grau wäre. Die Pflanzen machen einfach keine Pause: Mimosen, Orangen und Zitronen im Winter; Oleander, üppige, rosafarbene Bougainvilleen und Lavendel im Sommer – in Nizza blüht es immer!

NIZZAS SCHICKSALSJAHR

Aber drehen wir die Uhr noch einmal zurück: Im 4. Jh. v. Chr. kamen die Griechen und legten am Fuß der Colline du Château ihren Handelsstützpunkt Nikaïa an. Drei Jahrhunderte später gründeten die Römer in den Hügeln ihre Siedlung Cemenelum – dort, wo heute das Stadtviertel Cimiez liegt. Sie wurde neun Jahrhunderte später zugunsten von Nikaïa aufgegeben. Im 10. Jh. übernahmen die Grafen der Provence die Stadt. Ab dem 14. Jh. war Nizza im Besitz von Savoyen und blieb es, mit wenigen Unterbrechungen, nahezu fünf Jahrhunderte lang. Bis 1860 – da musste die Bevölkerung ein für alle Mal abstimmen, zu wem sie gehören wollte: Beschlossen wurde die Angliederung Nizzas an Frankreich.

DER WINTER NAHT

Die ersten, die kamen und sich in die Côte d'Azur verliebten, waren Engländer und Russen auf der Flucht vor den kalten Wintermonaten. Mit ihnen kamen

ten Reiseziel vor allem von Engländern und Russen

1944 Befreiung Nizzas von der deutschen Besatzung im Zweiten Weltkrieg

2016 Bei einem Attentat auf der Promenade des Anglais am Nationalfeiertag werden 86 Menschen getötet

2021 Die Unesco nimmt Nizza als „Winterurlaubsort an der Riviera" in die Liste des Weltkulturerbes auf

bis 2025 Nizza verlängert die Promenade du Paillon. Es entsteht ein 21 ha großer Park mitten im Zentrum

Geld und Adel in die Stadt: Paläste, Kirchen, Promenaden – die Gäste aus dem Norden verwandelten das kleine Hafenstädtchen in eine mondäne Stadt, berühmt über die Grenzen Frankreichs hinaus. Russische Adelsfamilien und wohlhabende Geschäftsleute verewigten sich durch den Bau herrschaftlicher Residenzen. Seite an Seite stehen sie heute mit barocken Bauwerken und Palästen im Belle-Époque- und Art-déco-Stil. Bedenkt man, dass Nizza im Jahr 1860 kaum mehr als 40 000 Ew. zählte, ist es umso erstaunlicher, welcher architektonische Reichtum im 19. Jh. hier entstanden ist.

NIZZAS WAHRZEICHEN

Auch die Promenade des Anglais ist, wie der Name schon verrät, einem Engländer zu verdanken: Lewis Way beschloss, den schmalen Kiesweg in einen befestigten Gehweg umzubauen, und so wurde die Promenade ab Mitte des 19. Jhs. ein Ort des Sehens und Gesehenwerdens. Die „Prom" ist bis heute das Wahrzeichen Nizzas. Doch es sind nicht mehr nur Fußgänger, die die Promenade der Engländer bevölkern: Auf sechs Fahrspuren drängt sich oft dichter Autoverkehr entlang der Küste. Am 14. Juli 2016 wurde die Unbeschwertheit der Promenade tief erschüttert. Seit dem Attentat, bei dem 86 Menschen ihr Leben verloren, trägt sie den inoffiziellen Beinamen Promenade des Anges, „Promenade der Engel". Das Leben ist inzwischen dorthin zurückgekehrt, aber der Gedanke an den Anschlag wird für immer mit der Promenade verbunden sein. Doch dieses Leben spielt sich natürlich nicht nur auf Nizzas Prachtstraße ab: Auch in der Altstadt, rund um die Place Masséna und die Avenue Jean Médecin oder im alten Hafenviertel Quartier du Port, dem In-Viertel der Stadt, steht Nizza selten still.

JAZZ UND BUNTE BILDER

Und überall wird gejazzt: Das erste internationale Jazzfestival fand 1948 statt und der Jazz prägt bis heute die Musikszene der ganzen Region. Ständig werden neue Formationen gegründet. Besonders stolz ist Nizza auch auf seine Museen und Galerien. Vor allem Werke aus dem 20. Jh. erwarten dich in den Kunstmuseen. Henri Matisse' und Marc Chagalls Phantasien in Blau, Gelb, Grün, Ben Vautiers Schreibschrift, die Farben der Naiven: Nizza ist bunt wie ein Regenbogen!

IN BESTER GESELLSCHAFT

Monaco, Antibes und Cannes sind in weniger als 30 Minuten zu erreichen. Doch so dicht die wichtigsten Städte der Côte d'Azur beisammen liegen, so unterschiedlich sind sie in ihrem Charakter. Monaco bedeutet Glamour, Reichtum und weist neben Fürstenpalast und Spielcasino auch so manche Bausünde auf, die in den Himmel ragt; Antibes' idyllische Altstadtgassen sind festungsähnlich umgeben von der alten Stadtmauer – hier riecht es nach Südfrankreich; Cannes versprüht mit Palmen, der Promenade Croisette und imposanten Hotelfassaden Festspielflair. Kurz: Entweder oder gilt nicht – du musst überall hin!

AUF EINEN BLICK

343 000
Einwohner

Bonn: 336 000

95
Sorten Eis

in Nizzas größter Eisdiele

7 km
Länge der Promenade des Anglais

Kurfürstendamm Berlin: 3½ km

5 Mio.
Touristen pro Jahr

Hamburg: 7,2 Mio.

GRÖSSTER BLAUER STUHL AUF DER PROMENADE:
3 m hoch

Ein Werk der Künstlerin SAB

SONNENSTUNDEN PRO JAHR
3084

München: 1756

SCHNEETAGE PRO JAHR
max. 1

BIKESHARING

1300 Fahrräder und 450 E-Bikes stehen an 161 Stationen

2 BISES

2 Küsschen gibt man sich zur Begrüßung

SÜDLICHSTER DREITAUSENDER DER ALPEN
Mont Clapier: 3045 m

9 WEINGÜTER

bauen die Vins de Bellet an

NIZZA VERSTEHEN

BLICKPUNKT NIZZA

In Nizza bist du immer auf der Suche. Nach was? Nach schönen Ausblicken! Nizza ist eben auch besonders schön aus der Vogelperspektive. Ob von der Colline du Château aus, vom Mont Boron, ja sogar vom Museumsdach des MAMAC. Aber auch die Hotels wetteifern um die schönste Rooftop-Bar. In vorderster Front mit Meerblick geht es an der Promenade des Anglais in den Hotels Le Méridien, dem Radisson Blu und im Farago on the Roof im AC Hotel hoch hinaus zum Cocktail. Besonders schön abends zum Sonnenuntergang.

LEUCHTENDE MÄNNER

Sieben sitzende Statuen thronen auf hohen Stelen über der Place Masséna. Abends leuchten sie, wechseln sanft die Farbe – von türkis über pink bis gelb. Sie stehen für die sieben Kontinente; die wechselnden Farben drücken den Dialog zwischen den Kulturen aus. Das Kunstwerk *Conversation à Nice* des Spaniers Jaume Plensa ist nur eins von 13 Werken internationaler Künstler, die entlang der Straßenbahnlinie T1 installiert wurden. Weitere sind die üppigen Straßenlaternen-Konstruktionen von Pascal Pinaud und Stéphane Magnin an der Haltestelle Saint-Jean-d'Angély, die in Blau gehüllte Brücke am Gare Thiers von Gunda Förster, an der Station Las Planas die Glaszylinder mit der Botschaft „Ich lebe vom Wasser – es fließt" von Emmanuel Saulnier. Entstanden ist so ein riesiges Freilichtmuseum. Bei dem Projekt „Art dans la ville" handelt es sich um den größten Kunstauftrag, den eine französische Stadt je erteilt hat.

ASCHERMITTWOCH? EGAL!

Am Aschermittwoch ist in Nizza noch gar nichts vorbei. Warum auch aufhören, wenn es gerade am schönsten ist? Die bunten Karnevalswagen fahren hier noch weit über den traditionellen Schlusstag des Karnevals hinaus durch die Straßen. Besonders blumig wird es bei der farbenprächtigen ⚑ Blumenschlacht *Bataille de Fleurs:* Mimosen, Gerbera, Lilien – an die 100 000 Blumen regnet es von den über und über mit Blüten dekorierten Wagen. Die Karnevalsumzüge stehen immer unter dem Motto „Roi de …". Das kann dann der König der Energie, des Sports, der Medien oder der Mode sein – jedes Jahr ein anderes gesellschaftliches Thema, bei dem sich die Wagenbauer austoben können. Tickets für die Paraden und die Bataille de Fleurs erhältst du im Internet oder im Office de Tourisme.

BLAU MALEN

„Als ich begriff, dass ich jeden Morgen dieses Licht wieder sehen würde, konnte ich mein Glück kaum fassen", sagte Henri Matisse über das Licht Südfrankreichs. Die Impressionisten kamen als Erste seinetwegen, Maler wie Paul Cézanne, Vincent van Gogh oder Pablo Picasso folgten ihnen und

Bataille de Fleurs: Bei der „Blumenschlacht" sind Rosen, Mimosen und Co. die Waffen

erlagen ebenso der Faszination der lichtdurchfluteten Landschaft, dem türkis strahlenden Meer und dem azurblauen Himmel darüber. Alle kamen, einer ging: Yves Klein, 1928 in Nizza geboren, ist der ganze Stolz der Stadt. Er verlegte seinen Künstlersitz Anfang der 1950er-Jahre nach Paris. Sein Markenzeichen: das bestechende Ultramarinblau. Oder auch IKB 191, wie das Patent auf „sein" Blau heißt – International Klein Blue. Das *MAMAC* (s. S. 37) hat Yves Klein in seiner permanenten Ausstellung ein Denkmal gesetzt.

BOUONJOU

Ein freundliches *bouonjou,* ein Spaziergang über die *Passejada dóu Paioun* und ein Snack im *Lou Kalu:* Schon beim Passieren des Ortsschilds „Nissa" merkst du: Nizza ist ziemlich stolz auf seine Lokalsprache. Sie heißt Nissart und ist eine Varietät des Okzitanischen. Dabei sind Straßenschilder und Restaurantnamen kein Überbleibsel von früher – es wird immer noch nachgerüstet und die nissardische Variante ergänzt. Die Einwohner sind geteilter Meinung. Für die einen bringt es die Identität der Stadt zum Ausdruck; die anderen finden es vergebene Liebesmühe: „Die Touristen können es nicht lesen und wir wissen sowieso, wo wir gerade gehen." Aber es geht nicht nur um Straßen. Theater wie das Théâtre Francis Gag tragen zur Erhaltung der Sprache bei und es gibt sogar wieder eine bilinguale Grundschule – mit wachsenden Schülerzahlen.

HANGLAGE

Raus aus der Stadt und rein ins Hinterland! Gestern Meer, heute Berge. Peille, Peillon, Utelle, L'Escarène, Falicon, Colomars, Tourette-Levens: Das sind nur einige der knapp zwei Dutzend Bergdörfer, die oben auf den Hängen der Seealpen thronen. Die sogenannten *villages perchés* wurden zum Schutz gegen Räuber und andere unerwünschte Besucher angelegt. Heute sind sie ein ideales Ausflugsziel, um durch die schmalen Gassen und über die Märkte zu bummeln und die lokalen Spezialitäten – Olivenöl, Honig, Schafskäse – zu kosten. Hier und da kannst du Werkstätten und Ateliers der Handwerker und Künstler entdecken oder die Schätze, die in einigen Kirchen bewahrt sind. Und dazu gibt es die wunderbaren Ausblicke auf die Landschaft rings um die Dörfer. Am spektakulärsten ist der Blick für Kletterer: von der Via Ferrata in La Brigue oder Tende *(mercantour-roya.com)*.

Peillon ist eines der mehr als 20 Wehrdörfer in den Bergen oberhalb von Nizza

KIESEL ÜBER KIESEL

Die *galets de Nice* findest du in Form von Schokolade (z. B. bei Alziari) und Törtchen (z. B. bei Nuances Pâtisserie) oder als Schmuck. Die meisten liegen jedoch am Strand, herangetragen von den Flüssen Var und Paillon. Daher hat Nizza einen Kieselstrand. Dennoch bietet sich alljährlich ein besonderes Schauspiel, wenn bis zu 4400 m³ Kiesel aufgeschüttet werden – durch den Flughafen auf der einen und die Eindeichung des Paillon auf der anderen Seite werden nicht mehr genug Steine angespült. Auch wenn der Einstieg ins Wasser daher oft steinig im wörtlichen Sinn ist, lieben die Niçois ihre *galets* – in jeder Variante.

KLEIN, ABER OHO

Groß ist das Weinanbaugebiet in den Hügeln von Nizza wahrlich nicht. Es ist sogar eines der kleinsten und ältesten Frankreichs. Die Trauben, die dort über der Baie des Anges am linken Ufer des Var wachsen, landen in den Qualitätsweinen der Appellation d'Origine Contrôlée von Bellet, einer der ältesten (1941) kontrollierten Herkunftsbezeichnungen Frankreichs. Etwa 50 ha Land teilen sich die neun Weingüter rund um das Schloss von Bellet. Von der Sonne gesättigt, bringen die Trauben fruchtbetonte Weine hervor. Aufgrund der geringen Produktionsmenge von nur 1200–1500 hl pro Jahr kommt der Wein nur in Nizza und Umgebung in Restaurants und Handel. Verkostungen sind in verschiedenen Weingütern möglich.

DER RETTENDE HINTERN

Klar, Nizza wollten in der Vergangenheit viele gern besitzen. 1543 kamen die Türken, um es sich unter den Nagel zu reißen. Sie rechneten nicht mit Catherine Ségurane, einer einfachen Wäscherin, die die Stadt rettete. Den Einheimischen gefällt die Legende, nach der Ségurane die Bürger in die Schlacht führte und vor den Augen der türkischen Angreifer ihr Hinterteil entblößte. Das beleidigte diese so sehr, dass sie die Flucht ergriffen. Plötzlich war die Wäscherin Catherine eine Volksheldin – und ist es bis heute.

DIE KLEINE BRAUNE

Es gibt griechische, türkische, spanische und eben auch die ⚑ Nizza-Oliven. Sie heißen *Cailletier,* und du findest sie neben deinem Pastis zum Aperitif, in Tapenaden oder in einer *salade niçoise.* Die Olivensorte Cailletier wird hauptsächlich im Departement Alpes-Maritimes in der Gegend um Nizza angebaut. Sie ist klein, rötlichbraun und sehr würzig. Von besonderer Qualität ist das Olivenöl, das aus ihr gewonnen wird. Die Olive, das Öl und die Olivenpaste sind unter dem Namen „Olive von Nizza" in einer AOC (Appellation d'Origine Contrôlée) zertifiziert – eine verdiente Auszeichnung für die 2000 Olivenölbetriebe in den Seealpen.

KLISCHEE KISTE

SONNE SATT

In Nizza regnet es nie? Denkste! In Nizza kann man sich zwar an unglaublichen 300 Tagen in die Sonne legen. Aber an den verbleibenden 65 Tagen? Da wird der Niçois von seinem Besuch mit einem „Da hätte ich auch zu Hause bleiben können" begrüßt. Wenn es regnet, regnet es nämlich richtig! Allerdings tut es das immer weniger und so vermeldet Frankreichs Süden seit einigen Jahren traurige Negativrekorde. Die längsten Zeitspannen ohne Regen fallen ausgerechnet in den Winter, wenn der Grundwasserspiegel eigentlich steigen sollte. Die Region kämpft mit den Problemen der extremen Trockenheit und den Einwohnern werden strenge Regeln zum Wassersparen auferlegt.

NICHTS ALS STARS UND STERNCHEN?

Cannes – das ist Glamour und ein Hotspot für die Filmidole der ganzen Welt? Zehn Tage im Mai ist das auch so: Der rote Teppich wird ausgerollt, Yachten schaukeln vor der Küste und die Stadt versinkt im Festivalrausch. Nach zehn Tagen reisen alle wieder ab, der rote Teppich wird eingerollt, und dann ist Cannes wieder ein ganz normales Städtchen. *Au revoir,* Stars und Sternchen. Bis zum nächsten Jahr!

Pan bagnat: Thunfisch, Tomaten, Zwiebeln, Oliven und Ei zwischen zwei Brötchenhälften

MATSCHIGES BROT?

Von wegen! Man nehme Tomaten, grüne Paprika, Eier, Thunfisch, Zwiebeln, Basilikum, schwarze Oliven, Öl und Essig, packe alles in ein rundes Weißbrot – und heraus kommt? Richtig, der Lieblingssnack der Nizzaer, das *pan bagnat*. Jeder Niçois kann dir sagen, wo du das seiner Meinung nach beste Exemplar der ganzen Stadt findest. *Pan bagnat* ist Nissart und heißt übersetzt „eingeweichtes Brot". Wie der Snack entstanden ist? Hier erzählt man sich die Geschichte von dem Schafhirten am Mont Boron, der zur Mittagszeit sein trockenes Weißbrot mit Olivenöl tränkte. Im Lauf der Zeit kamen Zutaten hinzu: Rohkost, Thunfisch, Anchovis und gekochte Eier. Jemand bietet dir ein *pan bagnat* mit warmer Paprika an? Verzichte lieber!

PASTA & PIAZZA

Großzügige Plätze, Arkaden, rote Häuserfassaden – alles sehr italienisch. Auch italienische Namen sind im Stadtbild allgegenwärtig, auf den Tellern finden sich kulinarische Spezialitäten wie Ravioli und Gnocchi und auf der Place Masséna hat man das Gefühl, auf einer italienischen Piazza zu stehen. Das liegt zum einen daran, dass die italienische Grenze nur wenige Kilometer entfernt ist. Zum anderen aber daran, dass Nizza eine besonders junge Französin ist: Erst 1860 entschieden die Bewohner per Volksabstimmung, dass die Stadt Frankreich zugesprochen wird. Vorher fungierte der Geburtsort von Giuseppe Garibaldi, dem Kämpfer für Italiens Einheit, fast 500 Jahre lang als italienische Festungsstadt. Und so gibt es bis heute ein lebendiges Nebeneinander französischer und italienischer Kultur.

RUMKUGELN

Pétanque und Boule sind nur zwei verschiedene Wörter für das Gleiche? Vorsicht: Das solltest du einem der kugelwerfenden Herren auf den schattigen Plätzen Südfrankreichs besser nicht sagen – andere Kugeln, andere Regeln, andere Plätze! Gleich ist einzig und allein der *cochonnet,* das „Schweinchen", die kleine Kugel aus Buchsbaumholz, um die sich alles dreht. Beim Boule wird das Schweinchen von Bronzekugeln gejagt, beim Pétanque von leichteren Stahlkugeln. Und sonst? Boule, auch *boule lyonnaise* genannt, ist die Sportvariante mit strengen Regeln und einem exakt abgemessenen Platz. Pétanque spielt man, wie es so kommt – unter Platanen, auf Promenaden und Plätzen. Hauptsache, es macht Spaß.

BLAU MACHEN

Wohl keine andere Stadt kann einen Stuhl ihr Wahrzeichen nennen. Strahlend blau ist er und aus Holz und Metall gefertigt. Das aktuelle Modell stammt von dem französischen Designer Jean-Michel Wilmotte. Ein Objekt der Begierde nicht nur für Spaziergänger – von 2000 Stühlen, die 1999 aufgestellt wurden, waren fünf Jahre später nur noch rund 500 übrig. Inzwischen sind sie im Boden verankert und stehen in langen Reihen mit Blick aufs Meer. Der Prototyp für ein Nachfolgemodell liegt bereits in der Schublade. Die Geschichte des blauen Stuhls geht zurück auf Charles Tordo, der 1950 einen robusten Stuhl für die Promenade entwarf und fertigte. Alles wird teurer? Nicht so das Entspannen auf Nizzas Wahrzeichen! In den Anfangszeiten kaufte man sich ein Ticket, um sich setzen und die Aussicht genießen zu dürfen.

ZU TISCH!

Jean-Patrice amüsiert sich. Der weißhaarige Mann steht wie jeden Tag auf dem Cours Saleya hinter seinem Blumenstand und lässt sich von Urlaubern fotografieren. Und wie jeden Tag schrecken und lachen alle um ihn herum auf – und zwar exakt um 12 Uhr. Ein ohrenbetäubender Kanonenschuss hallt durch die Stadt. Der Legende nach ist er dem Schotten Thomas Coventry-More zu verdanken, der um 1860 die Wintermonate in Nizza verbrachte. Als leidenschaftlicher Offizier ließ er eine Kanone auf der Terrasse der ⚑ *Colline du Château* installieren. Jeden Mittag um 12 Uhr löste er einen Schuss aus, um seine Frau an die Essenszeit zu erinnern – Ordnung, Pünktlichkeit, Disziplin! Diesmal amüsiert sich Jean-Patrice besonders, denn auch sein Kollege vom Nachbarstand zuckt erschrocken zusammen. Selbst mancher echte Niçois kann sich eben nicht an den täglichen Kanonenschuss gewöhnen.

SIGHT SEEING

Immer grüner, immer lebenswerter – Nizza entwickelt sich unaufhaltsam. Zum Guten: Statt Betonsünden hat sich Nizza der nachhaltigen Stadtentwicklung verschrieben und die Innenstadt innerhalb der letzten Jahre komplett umgestaltet.

Parkanlagen statt Parkhäuser, Begrünung statt Hausbau, Fußgängerzonen und Fahrradwege statt Autos und 2400 gepflanzte Bäume. Drei Straßenbahnlinien wurden zwischen 2007 und 2019 in Betrieb genommen und haben maßgeblich zur gesteigerten Lebensqualität in der Stadt beigetragen. Die grüne Ader der Innenstadt, die Prome-

Überall blüht es üppig: Oleander vorm ehemaligen Hotel Majestic am Boulevard de Cimiez

nade du Paillon mit ihren Fontänen und Grünflächen ist ein beliebter Treffpunkt und wird bis 2025 so erweitert, dass auch das MAMAC und die Bibliothek in den Stadtpark integriert sein werden.

Gleichzeitig wurden vergessene Viertel zum Leben erweckt. Das Quartier du Port, das Hafenviertel, ist in den letzten Jahren zum angesagten Treff geworden. In der Rue Bonaparte mit ihren kleinen Läden, Cafés und Restaurants pulsiert das Leben. Das Viertel La Libération hat nachgezogen und ist heute ein beliebtes Studentenviertel.

DIE STADTVIERTEL IM ÜBERBLICK

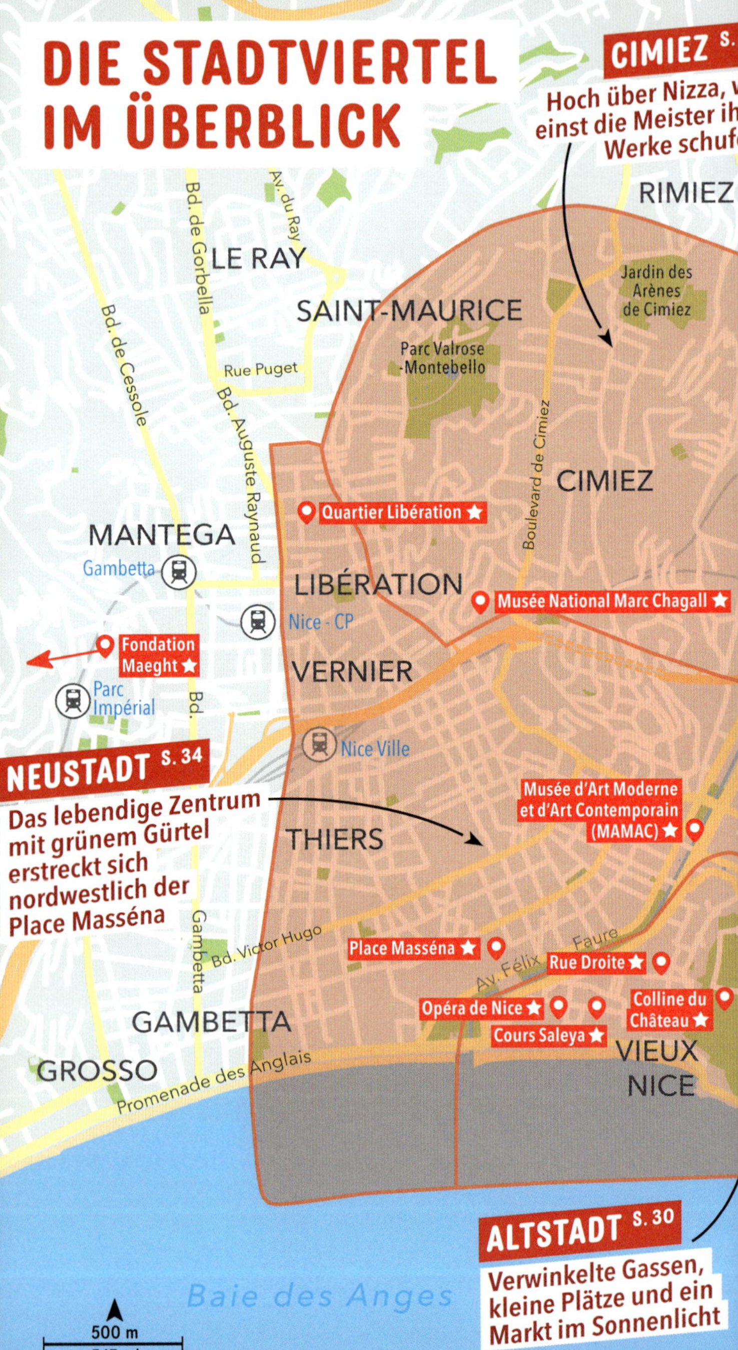

MARCO POLO HIGHLIGHTS

★ **FONDATION MAEGHT**
Eine Oase der Kunst: die Gartenanlage und Kunstsammlung von Marguerite und Aimé Maeght ➤ S. 50

★ **MUSÉE D'ART MODERNE ET D'ART CONTEMPORAIN (MAMAC)**
Yves Klein & Co erheben Alltags- zu Kunstobjekten ➤ S. 37

★ **MUSÉE NATIONAL MARC CHAGALL**
Chagalls farbenfrohe biblische Botschaft in einem eigens für sie erbauten Museum ➤ S. 42

★ **PORT LYMPIA**
Schiffe schaukeln im Wasser und südländische Fassaden säumen das Hafenbecken ➤ S. 39

★ **PLACE MASSÉNA**
Lebendiger Platz mit italienischem Flair ➤ S. 35

★ **VILLA ET JARDINS EPHRUSSI DE ROTHSCHILD**
Traumhafte herrschaftliche Villa inmitten blühender Themengärten ➤ S. 48

★ **RUE DROITE**
Von vielen schönen Gassen in der Altstadt wahrscheinlich die schönste ➤ S. 32

★ **COLLINE DU CHÂTEAU**
Die beste Aussicht auf die Stadt ➤ S. 34

★ **COURS SALEYA**
Das Herz der Altstadt: Markttreiben, Cafés und Restaurants ➤ S. 31, 77

★ **OPÉRA DE NICE**
Der Opernsaal: festlich, prunkvoll, mondän ➤ S. 30, 86

★ **QUARTIER LIBÉRATION**
Raus aus dem Zentrum und rein ins Stadtviertelleben! ➤ S. 38

ALTSTADT

In der Altstadt pulsiert das Leben der Stadt. Nur wenige Schritte von der Promenade und vom Meer entfernt liegt das Herz des Altstadtviertels: der Cours Saleya mit seinem Blumen-, Obst- und Gemüsemarkt. Von dort aus spinnt sich ein Labyrinth aus engen Gassen und kleinen Plätzen, ein Spiel von Schatten und Sonne. Oben barocke Fassaden, unten jede Menge Cafés, Restaurants und kleine, feine Läden und Galerien aller Art. Ein lebendiges, authentisches Viertel – Wäsche hängt aus den Fenstern der farbenfrohen Häuser, Gesprächsfetzen und Musik tönen aus offenen Türen. Hierher kommen die Einheimischen zu ihrem Marktbesuch, zum Einkaufen in den alteingesessenen Altstadtläden. Bummeln, besichtigen, Nizzaer Spezialitäten kosten – so vergeht ein Tag in der Altstadt.

Alle Sehenswürdigkeiten in diesem Viertel sind zu Fuß zu besichtigen, die nächstgelegenen Tramhaltestellen sind Opéra und Cathédrale. Vermutlich wird dir beim Bummeln ein unübersehbarer blau-rot-weißer Schriftzug auffallen, 8 m lang und 3½ m hoch: Die *Skulptur I love Nice* thront am Quai Rauba Capeu und ist das Symbol einer Kampagne, die die Stadt Nizza ins Leben gerufen hat. Die Niçois drücken damit nach dem Attentat des 14. Juli 2016 ihre Solidarität, Lebensfreude und Liebe zu ihrer Stadt aus. Ein *Denkmal* zur Erinnerung an die Opfer des Attentats steht nun im Garten des *Musée Masséna (tgl. 10–18 Uhr | 35, Promenade des Anglais)*.

INSIDER-TIPP
Ich liebe Nizza

WOHIN ZUERST?

Wer auf der **Place Masséna** steht, hat die Qual der Wahl: Von hier aus lässt sich Nizza sternförmig erkunden. Südlich und östlich schließt sich die Altstadt an, in entgegengesetzter Richtung liegt die Neustadt zum Bummeln und Shoppen. Parkhäuser findest du in der Altstadt, am Hafen oder im Einkaufszentrum Nicetoile. Haltestelle der Tramway 1: Masséna.

1 OPÉRA DE NICE ★

Das ist die Oper von Nizza? Versteckt in der Nachbarschaft von Bäckerei und Apotheke? Das lässt sich leicht erklären: Die Geschichte des Opernhauses geht auf das Jahr 1776 zurück, als die Marquise Alli-Maccarani ihr ehemaliges Wohnhaus zum Umbau in ein Theater freigab. Vom Théâtre Maccarani ist heute nichts mehr zu sehen. 1826 wurde an dieser Stelle eine Oper gebaut, die 55 Jahre später während einer Vorstellung durch einen Brand zerstört wurde. Neu gestaltet hat das Ganze dann im Stil der Pariser Oper der Nizzaer Architekt François Aune. So steht sie als *monument historique* heute noch und ist Ort von Opern-, Konzert- und Ballettaufführungen. Und da sitzt man in roten Samtsesseln unter riesigen Kristalllüstern richtig gemütlich! *4–6, Rue Saint-François-de-Paule | opera-nice.org |* *b9*

2 COURS SALEYA ★

Blumenhändler inmitten ihrer Blütenpracht, Bauern hinter Gemüse- und Obstkörben, Oliven und Käse in allen Variationen: Das ist das tägliche Bild auf dem Cours Saleya. Nur montags gehört der Markt den Trödelhändlern. Der Platz ist hell, gesäumt von ockergelben Häusern und zum Meer hin nur getrennt von den Flachbauten der Ponchettes.

Der Markt hat Tradition: Schon seit 1861 bauen die Händler hier jeden Morgen ihre Stände auf. Wenn du das bunte Treiben liebst, gerne schlenderst und am Rand des Geschehens in einem Café sitzt, ist dies der perfekte Platz, um deinen Tag zu starten. Auch Henri Matisse gefiel es hier: Im *Palais Caïs de Pierlas* an der Ostseite des Platzes lebte und malte er einige Jahre. *b9*

3 LES PONCHETTES

„Über den Dächern von Nizza"? Früher war das Spazieren auf den Dachpromenaden der niedrigen Häuserzeile zwischen Cours Saleya und Uferpromenade, den Ponchettes, möglich. Die heutige „Prom" gab es noch nicht, Touristen schon – und so entstand 1776 die erste Dachterrasse. Die Häuser darunter waren klein und praktisch – im Erdgeschoss Fischerei- und Handwerksbetriebe, im ersten Stock die Wohneinheiten und das Dach zum Flanieren.

Die heutigen Ponchettes haben damit nichts mehr zu tun. In den alten Gebäuden haben sich zahlreiche Bars mit Aussicht eingerichtet. Die auf der Rückseite gelegene Straße wurde vor einigen Jahren in eine Fußgängerzone umgewandelt; dort liegt auch das *Deutsch-Französische Kulturzentrum (20, Cours Jacques Chirac | ccfa-nice.fr)*, das regelmäßig kulturelle Veranstaltungen anbietet. Wer weiß, vielleicht kann man auch irgendwann wieder auf den Dächern von Nizza chillen – Pläne für eine Wiederbelebung der alten Dachpromenade liegen in der Schublade. *b9*

4 MUSÉE DE LA PHOTOGRAPHIE CHARLES NÈGRE

Das Museum zeigt wechselnde Ausstellungen international renommierter Fotokünstler. Und wer war Charles Nègre? Der Name des Museums geht auf den Lehrer, Maler und Fotografen Charles Nègre (1820–1880) zurück, der in Nizza lebte und als Fotograf der ersten Generation sein Nizza und dessen Menschen in Fotografien festgehalten hat. Seine große Sammlung an alten Stadtansichten ist leider nur auf der Website des Museums anzusehen. Direkt am Cours Saleya gelegen, lassen sich Marktbummel und Fotoausstellung wunderbar miteinander verbinden. *Di–So 10–18 Uhr | 1, Place Pierre Gautier | museephotographie.nice.fr | 1 Std. | b9*

5 PLACE ROSSETTI

Na, hier geht es mal italienisch zu! Terrakottarote Häuser, die Kathedrale, Cafés und Restaurants, Straßenkünstler – an dem kleinen, belebten Platz mitten in der Altstadt kommst du unweigerlich immer wieder vorbei. Das Italienischste sind hier die Eisdielen. Die machen dir die Wahl nicht einfach, denn die Anzahl der unterschiedlichen Sorten ist schier endlos. *Fenocchio* (s. S. 58), der berühmteste Eiskonditor Nizzas, hat hier seine mehrere Meter lange Theke, die *Gelateria Azzurro* (s. S. 58) kreiert ebenfalls köstliches Eis in frischen Waffeln. *b9*

6 CATHÉDRALE SAINTE-RÉPARATE

Von außen fällt Nizzas Kathedrale an der quirligen Place Rossetti kaum auf. Mit ihrer gelben Fassade reiht sie sich fast unbemerkt zwischen ihre Nachbarhäuser ein. Aber dann! Das Innere ist ein Fest für alle Barockfans. Üppige Stuck- und Freskenarbeiten, Altar und Balustraden aus Marmor zieren das Gotteshaus, das der Schutzpatronin Nizzas, der hl. Reparata, geweiht ist. Besonders stimmungsvoll ist es in der 1699 geweihten Kathedrale bei einem der regelmäßig stattfindenden Konzerte. *Di–Fr 9–12 und 14–18, Sa 9–12 und 14–19.30, So 9–13 und 15–18 Uhr | cathedrale-nice.fr | 45 Min. | b9*

7 RUE DROITE ★

Kunst über Kunst findet sich in der engen Altstadtgasse. Ursprünglich war sie als direkte Verbindung zwischen dem südlichen und nördlichen Stadt-

Déjeuner auf der Place Rossetti: mediterranes Leben vor der Kathedrale Sainte-Réparate

tor die Hauptader der Stadt. Hier errichteten viele Adelsfamilien ihre herrschaftlichen Häuser. Heute ist die Rue Droite eine schmale Fußgängerstraße und Adresse einer ganzen Reihe von Kunstgalerien und Ateliers. Schau doch mal in die Galerie von *Michel Anthony (20, Rue Droite | michelanthony.com)* oder in die *Gravis ART Galerie (17, Rue Droite | gravisart.eu)*, zwei fest etablierte Größen der lokalen Kunstszene. *b9*

8 PALAIS LASCARIS

In einer schmalen Gasse liegt versteckt dieser Adelspalast aus dem 17. Jh. Außen unscheinbar, innen Barock pur: Säulen, Fresken und Skulpturen schmücken das monumentale Treppenhaus. Von Engeln begleitet, kommst du in die herrschaftlichen Räume in den oberen Stockwerken. An den Decken befinden sich Fresken mit mythologischen Themen; Stuckarbeiten und Werke der alten Nizzaer Meister zieren die Adelsgemächer. Heute beherbergt der Palast das *Musée de la Musique* mit einer der wichtigsten europäischen Sammlungen alter Instrumente. *Mi–Mo 10–18 Uhr | 15, Rue Droite | 1 Std. | b9*

9 PLACE SAINT-FRANÇOIS

Ein Fischmarkt gehört zu einer Küstenstadt wie das Amen in die Kirche. Hier ist er. Es geht ursprünglich zu auf diesem Platz rund um die *Fontaine aux Dauphins*, den Delphinbrunnen: Von

Dienstag bis Sonntag bauen Fischer morgens ihren Fang auf, es riecht nach Meer, auf dem Brunnen sitzen die Möwen. Die ehemalige *Klosterkirche* – im 13. Jh. stand hier ein Franziskanerkloster – wurde nach alten Vorlagen restauriert. Den 50 m hohen *Turm (Sa/So 9.30–13 und 14–17, Juli/Aug. auch Fr 19–22 Uhr | short.travel/niz1)* aus dem 18. Jh. kannst du über 262 Stufen erklimmen. *b8*

10 COLLINE DU CHÂTEAU ★

Zwischen Altstadt und Port Lympia erhebt sich die Colline du Château, der Haus-„Berg" Nizzas. An ihm führt bei einem Nizza-Besuch kein Weg vorbei, hier gibt es den besten Ausblick der Stadt – allerdings kein Schloss, wie der Name vermuten lässt. Und wie kommt man da hoch? Entweder zu Fuß über die Treppen, die von der Rue des Ponchettes hinaufführen, oder per Aufzug durch den ehemaligen Wasserschacht ebendort. Einen Spaziergang über die Colline du Château findest du in Erlebnistour 3 (s. S. 107). *Tgl. 8.30–18, April–Sept. bis 20 Uhr | c9*

11 MONUMENT AUX MORTS

Auf dem Weg zum Hafen kommst du an der Pointe Capeu vorbei, dem hoch gelegenen, ausladenden Platz am östlichen Ende der Promenade. Die Aussicht ist phantastisch und am besten von der komplett um das Kap herumführenden Bank aus zu genießen. Das imposante Denkmal, ein 32 m hoch in die Felswand der Colline du Château eingelassenes Monument, wurde zum Gedenken an die Opfer des Ersten Weltkriegs errichtet. Zwei Hochreliefs stellen Krieg und Frieden dar; die fünf Stufen, die zum Denkmal führen, symbolisieren die fünf Kriegsjahre. 3665 Namen erinnern an die Kriegsopfer aus der Stadt. *c9–10*

NEUSTADT

Eben noch auf der Promenade des Anglais, spazierst du nun auf der Promenade du Paillon durch den Grüngürtel zwischen Alt- und Neustadt. Das hört sich zunächst wenig spektakulär an, aber hier ist ordentlich was los! Familien sitzen auf den Wiesen zwischen riesigen Holzklettergerüsten, Bänke und Stühle im Schatten verführen zum Lesen im Freien und das Highlight sind 128 Wasserfontänen, die in den blauen Himmel tanzen.

Wasser gibt es genug: Unter dem Asphalt liegt das Flussbett des überbauten Paillon. An die Promenade du Paillon schließt sich zwischen Theater und Acropolis die *Promenade des Arts* an. An der „Promenade der Künste" liegt auch das MAMAC, wegen seiner Architektur und Ausstellungen eines der sehenswertesten Museen der Stadt.

Nördlich und westlich der Place Masséna befindet sich das heutige Stadtzentrum. Händler und Handwerker haben sich dort im 18. Jh. niedergelassen, um das historische Zentrum zu entlasten. Hier herrscht von früh bis spät ein angenehmes, internationales Getümmel zwischen trendigen Boutiquen, Luxus-Modedesignern und Bars.

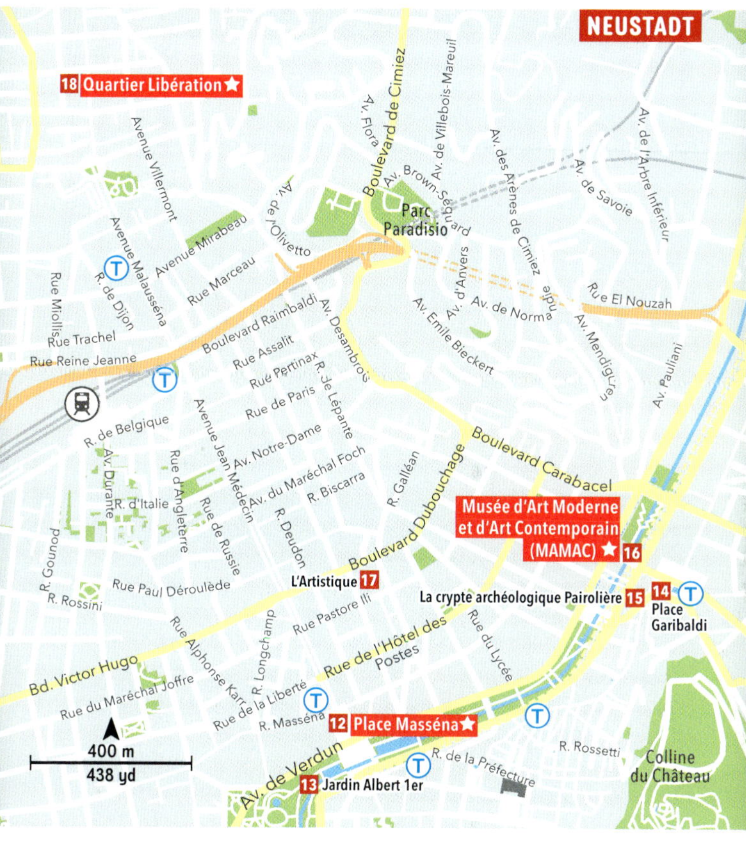

12 PLACE MASSÉNA ★

Nur einen Schritt ist es aus den engen Gassen der Altstadt hinaus auf die weite Place Masséna: ein ausladender Platz im Turiner Stil, gesäumt von Arkaden und Häusern in pompejanischem Rot. Hier trennen sich die Alt- von der Neustadt, die verwinkelten Straßen von den breiten Promenaden, das historische vom modernen Nizza – plötzlich italienisches Großstadtflair. Nördlich des Platzes verläuft schnurgerade die Einkaufsstraße *Avenue Jean Médecin,* in westlicher Richtung nimmt hier die Fußgängerzone *Rue Masséna* ihren Anfang. Unverwechselbar machen den Platz neben seinem Schwarz-Weiß-Pflaster die über ihm thronenden Statuen der Kunstinstallation *Conversation à Nice* (s. S. 20).

Auf dem südlichen Teil des Platzes steht die *Fontaine du Soleil.* In der Mitte des Brunnens thront ein 7 m großer Apollo. Der musste seinen Stammplatz auf dem Brunnen 1981 verlassen. Ein nackter Mann auf dem berühmtesten Platz der Stadt? Das stieß in der Bevölkerung auf wenig Begeisterung. 2011 kam er wieder und thront seitdem über dem Platz – umgeben von fünf Bronzestatuen, die die Planeten Saturn, Mars, Erde, Venus und Merkur verkörpern. An der östlichen Seite des Platzes beginnt die *Promenade du Paillon*. *Tramway 1 Masséna* | *a9*

13 JARDIN ALBERT 1ER

Palmen, Brunnen, schattige Bänke: Zwischen der Promenade des Anglais und der Place Masséna erstreckt sich der Jardin Albert 1er, nicht zu übersehen durch die 19 m hohe und 38 m lange Skulptur *Arc de 115°5* von Bernar Venet – ein Stahlbogen aus Venets wiederkehrendem Motiv „Arcs". Außerdem sind im ältesten Garten Nizzas der Brunnen *Fontaine des Tritons*, ein Karussell und das *Théâtre de Verdure* zu finden, in dem im Juli das bekannte Jazzfestival stattfindet. Und von Anfang Dezember bis Anfang Januar ist im Jardin Weihnachtsmarkt – mit Blick aufs Meer! *Tramway 1 Masséna* | *a9*

14 PLACE GARIBALDI

In der Mitte des weitläufigen, von Arkadengängen gesäumten Platzes thront Giuseppe Garibaldi. Wo Arkaden sind, sind natürlich auch Cafés und Restaurants. Das berühmteste unter ihnen ist das Meeresfrüchte-Mekka *Café de Turin* (s. S. 63). Ein kleiner Ausflug in die Geschichte: Der Platz wurde Ende des 18. Jhs. entworfen und erfuhr im Lauf der Jahre viele Veränderungen. Die Statue des gebürtigen Nizzaers Garibaldi ist gen Italien ausgerichtet: eine Strafe, die ihm angeblich die Bewohner Nizzas wegen seiner proitalienischen Einstellung auferlegten, nachdem Nizza 1860 im Vertrag von Turin Frankreich zugesprochen wurde. *Tramway 1, 2 Garibaldi* | *c8*

Palmen, Brunnen und der markante Stahlbogen Arc de 115°5: Jardin Albert 1er

15 LA CRYPTE ARCHÉOLOGIQUE PAIROLIÈRE

Bei den Bauarbeiten für die Straßenbahn stießen die Arbeiter auf diesen historischen Schatz: Auf einer Fläche von 2000 m² wurden unter der Place Garibaldi die Ruinen der Festungsanlage um die Porte Pairolière aus dem 14. Jh. entdeckt. Sie war für die Grafschaft Nizza zentraler Bestandteil der Verteidigungsanlage. Auf Anordnung von Ludwig XI. verschwanden die Mauern für drei Jahrhunderte im Untergrund. Jetzt sind sie wieder da:

INSIDER-TIPP **Versunkene Mauern**

Mauerwerk, Torbögen, Aquädukte, Gräben, Schießscharten. Alles ist sehr gut erhalten – eine tolle Zeitreise! *Führungen (auf Französisch) Di und Do 14.30, Mi, Sa und So 14, 15, 16 Uhr, begrenzte Tickets, Anmeldung obligatorisch, z. B. auf short.travel/niz1 | 1, Place Jacques-Toja | Tramway 1, 2 Garibaldi | 1 Std. | b–c8*

16 MUSÉE D'ART MODERNE ET D'ART CONTEMPORAIN (MAMAC) ★

Vier Türme aus Carrara-Marmor, dazwischen Glasbrücken: Der Architekt Yves Bayard hat sich das perfekte Monument ausgedacht, um diese Sammlung der französischen und amerikanischen avantgardistischen Bewegung von den 1960er-Jahren bis heute auszustellen. Auf dem Vorplatz komplettieren Skulpturen von Niki de Saint Phalle, Alexander Calder und Max Cartier das Ensemble.

Höhepunkte der Ausstellung sind die Werke von Yves Klein, dem Farbtechniker für Ultramarinblau, von Arman, dem Begründer der Akkumulation genannten Objektkunst, und von Ben (= Ben Vautier), einem Mitbegründer der Fluxusbewegung, die Leben und Kunst miteinander verbinden will. Ein Ergebnis siehst du hier: die berühmten zerquetschten Autos von César. Gegenüber vom Museum liegt die *Bibliothèque Louis Nucéra,* nicht zu übersehen durch die Skulptur *La Tête Carrée* von Sacha Sosno, in der sich die Bibliothek befindet. *Wegen Renovierung bis voraussichtlich 2028 geschl. | Place Yves Klein | mamac-nice.org | Tramway 1, 2 Garibaldi | 2 Std. | b–c8*

17 L'ARTISTIQUE

Kunst- und Kulturzentrum mit Wechselausstellungen und einer ständigen Sammlung zeitgenössischer Kunst, die von Jean Ferrero zusammengetragen wurde, Fotograf und Freund der Schule von Nizza. Der Eintritt ist frei! *Di–Sa 10–18 Uhr | 27, Blvd. Dubouchage | @l_artistique_nice | Tramway 2 Durandy | a8*

18 QUARTIER LIBÉRATION ★

Mal ehrlich – spannend wird es dann, wenn man Postkartenständer und Lavendelseifen hinter sich lässt und einfach mal in die Straßenbahn hüpft. Nur ein paar Stationen später, an der Haltestelle Libération, springst du wieder raus – und siehe da: Hier lässt es sich aushalten!

Auf dem *Markt (Di–So)* an der *Place du Général de Gaulle* machen die Bewohner des Viertels ihren Einkauf, die Cafés drum herum sind voller Leute. Im *Kiosque Tintin* (s. S. 58) werden *pan bagnats* für den Mittagssnack vorbereitet. Ein paar Schritte weiter steht der historische Bahnhof *Gare du Sud*. 2019 wurde er nach aufwendigen Restaurierungsarbeiten mitsamt seiner 18 m hohen Halle als großer Foodmarkt (s. S. 56) wiedereröffnet. Seither wird das Libération-Viertel immer beliebter. *Tramway 1 Libération* | *b3*

UM HAFEN & MONT BORON

Am späten Nachmittag zeigt sich der Hafen mit seiner italienisch anmutenden Architektur von seiner schönsten Seite. Die roten und ockerfarbenen Fassaden aus dem 19. Jh. schimmern in der tief stehenden Sonne, in den Bars werden Aperitifs serviert, Schiffsmasten ragen in den Himmel.

Von geschäftigem Treiben ist jedoch nichts zu spüren: Der Hafen von Nizza wirkt zwischen den privaten Yachten und den Fähren, die auf ihre Abfahrt nach Korsika warten, eher verträumt als betriebsam.

Die Geschichte des Hafens beginnt 1749: Als die historische Hafenbucht Saint-Lambert zu klein wird, entscheidet der Herzog von Savoyen, einen neuen Hafen auf dem sumpfigen Gelände Lympia zu bauen. Den großen Aufschwung erlebt der Hafen jedoch nie; er steht immer hinter Marseille und Genua zurück. Die Ein- und Ausfuhr von Olivenöl, Salz und Weizen blüht zwar zeitweise, aber schon Ende des 19. Jhs. ist die Hafentechnik veraltet.

Erst die touristische Revolution des 20. Jhs. mit Yachten und Fährverkehr haucht dem Hafen wieder Leben ein. Die Promenade und der Fahrradweg führen von der Promenade des Anglais über den Quai Rauba Capeu bis in die Hafenanlagen, sodass der Weg entlang der Promenade um den Schlosshügel heutzutage ein schöner Spaziergang ist.

19 PLACE DE L'ÎLE DE BEAUTÉ

Ein Boot in der Kirche? Logisch, dass es so etwas nur in einer Hafenstadt gibt. Am Platz an der Stirnseite des Hafens steht die Kirche *Notre-Dame du Port*. Sie sollte den Hafen beschützen, die Seefahrer vor ihrer Abreise segnen und die Fischer nach der Heimkehr empfangen. Auch das *Geburtshaus von Giuseppe Garibaldi*, dem Verfechter der italienischen Einheit und berühmten Sohn der Stadt, steht hier am Platz. In den Gassen hinter dem Platz findest du dich direkt im angesagten Hafenviertel wieder mit

Mastenwald vor Appartementhäusern: Motoryachten und Segelschiffe im Port Lympia

Kneipen, Cafés und Restaurants. *Tramway 2 Port Lympia* | *c-d8*

20 PORT LYMPIA ★

In einem Hafen riecht es nach Abenteuer und weiter Welt: wenn Schiffe aufgerüstet werden, Masten und Tauwerk knarzen und die Schiffshörner der großen Meereskreuzer tuten. So legen auch in Nizza Yachten, Fähren (z.B. nach Korsika) und Kreuzfahrtschiffe an und stechen wieder in See. Wenn du nun ein bisschen Kreuzfahrerluft im Miniaturmaßstab schnuppern möchtest – nur zu: Mit *Lou Passagin (Mitte Mai–Mitte Sept. tgl. 10–19 Uhr | Abfahrten ab Darse Charles Félix und Quai d'Entrecasteaux)* kannst du kostenlos von der einen Hafenseite zur anderen fahren:

INSIDER-TIPP **Willkommen an Bord**

An eine alte Tradition anknüpfend, schippern Studenten dich in den Sommermonaten in einem kleinen Boot durch den Hafen – einfach nur zum Spaß oder um den Leuten ein wenig Fußweg zu ersparen.

Port Lympia ist die Endstation der Straßenbahnlinie 2, die direkt vom Flughafen kommt. Elf Werke verschiedener Künstler sind entlang der Linie errichtet worden. Im Hafen ist die *Stahlskulptur*

Lou Che von Noël Dolla unübersehbar, eine 14 m hohe Stahlkonstruktion, die ein rotes, ausgehöhltes Schiff in drei Positionen zeigt: aufsteigend in die Wellen, in die Tiefe tauchend und am Ende wieder ans Licht kommend. *Tramway 2 Port Lympia* | *c–d9*

21 ESPACE LYMPIA

Wer will schon ins Gefängnis – aber in dieses solltest du dich wagen. 2017 wurde das alte Gemäuer im Hafen in eine Galerie umgewandelt. Seitdem finden hier wechselnde Ausstellungen statt. Ein imposanter Rahmen für Fotografie und Kunst aller Art – das Gebäude war das erste im Hafen. 1750 als Lager und Werkstatt gebaut, hausten hier im 19. Jh. Strafarbeiter unter unmenschlichen Bedingungen. Von Arbeit heute keine Spur mehr – willkommen in Nizzas originellem Ort der

Kunst! *Mi–So 10–17, Juli/Aug. bis 18 Uhr | 2, Quai Entrecasteaux | espace lympia.departement06.fr | Tramway 2 Port Lympia | ⏲ 1 Std. | 🗺 c–d9*

22 CLUB NAUTIQUE DE NICE

Der Club Nautique hat eine lange Geschichte: Gegründet 1883, gingen hier schon König Alfons XIII. von Spanien, Gustave Eiffel und Henri Matisse ein und aus. Zunächst nur Yachtclub, kamen schon bald darauf die Disziplinen Rudern und später Segeln dazu. Lust auf einen Schnupperkurs? Regelmäßig werden Ruder-, SUP- und Segelkurse angeboten. *50, Blvd. Franck-Pilatte | Tel. 04 93 89 39 78 | cnnice.fr | Bus 38 La Réserve | 🗺 d10*

23 WEG AM MEER

Das ist wohl der schönste Spaziergang, den Nizza bietet! Ausgehend vom Parc Vigier oder vom Jardin Félix Raynaud kann man über in Felsen gebaute, wilde Wege in 20 Minuten das Cap de Nice erreichen (s. Erlebnistour 2) und in etwas über einer Stunde weiter zum Mont Boron spazieren. *Bus 38 Villa La Côte | 🗺 e–f 5–6*

24 PARC FORESTIER DU MONT BORON

Park mit Aussicht: Über 11 km ziehen sich die markierten Wege durch Pinien, Eukalyptus, Zypressen und wilde Orchideen hin. Auf 178 m Höhe erreichst du den Aussichtspunkt mit Doppelpanorama auf die Baie des Anges und Villefranche-sur-Mer. Ausgangspunkt eines Spaziergangs in der wilden, farbenreichen Natur kann auch das *Fort du Mont Alban* im Norden des Parks sein – ein schönes Exemplar der Militärarchitektur des 19. Jhs. Auch von hier hast du einen Panoramablick der Extraklasse, eine atemraubende Aussicht auf die Bucht von Villefranche, das Cap Ferrat und Beaulieu-sur-Mer. *Bus 33 Mont Boron | 🗺 f4–6*

CIMIEZ

Antike Geschichte und Kunst mitten in der Villengegend von Nizza – das ist das Viertel Cimiez auf den

Rastplatz mit Brunnen und Aussicht: Pause im Parc Forestier du Mont Boron

Hügeln nördlich des Zentrums. Ein Ruhepol im Großstadttreiben: Gärten und Parkanlagen für die Entspannung, Geschichte und Kultur für den Genuss.

Wo sich heute prunkvolle Belle-Époque-Villen aneinanderreihen, zeugen römische Ruinen von der frühen Geschichte Cimiez'. Ein Muss für alle Kunstliebhaber ist das Werk der beiden großen Maler Marc Chagall und Henri Matisse – zu besichtigen in zwei phantastischen Museen. Die Meister der Farben und Formen verewigten ihre Liebe zu Nizza in ihren Werken: farbenfroh und leicht – wie das Leben an der Baie des Anges. Und nicht zu vergessen die Franziskanermönche, die sich ebenfalls auf dem Hügel von Cimiez niedergelassen haben. Herrliche Häuser, Ruinen, Kloster, Park und Museen: Alles liegt nur ein paar Schritte voneinander entfernt!

25 MUSÉE NATIONAL MARC CHAGALL ★

Auf keinen Fall verpassen: das Chagall-Museum! Die gesamte Entstehungsgeschichte von Chagalls Werk „Biblische Botschaft" ist in diesem Museum zu besichtigen. Die *Message Biblique* setzt sich aus 17 Gemälden zusammen, die 1954–67 im Atelier des Malers in Saint-Paul de Vence entstanden. Der Architekt André Hermant hat das Gebäude speziell für dieses Werk in Zusammenarbeit mit Marc Chagall entworfen. Die für Chagall typischen fröhlichen Farben und Formen kommen hier besonders zum Leuchten und schaffen, zusammen mit dem das Museum umgebenden Garten, einen Ort der Leichtigkeit. Am ersten Sonntag im Monat ist der Eintritt frei! Immer wieder gibt es auch Konzerte. *Mi–Mo 10–17, Mai–Okt. bis 18 Uhr | Av. du Docteur Ménard | musee-chagall.fr | Bus 5 Musée Chagall | 2 Std. | c3*

INSIDER-TIPP
Wenn Farben klingen

26 BOULEVARD DE CIMIEZ

Ein Städtebauprojekt der Extraklasse: 1880 kaufte Henri Germain, Gründer der Bank Crédit Lyonnais, die Olivenhaine in der Colline de Cimiez. Er beauftragte seinen Freund Sébastien-Marcel Biasini mit der Gestaltung des Boulevard de Cimiez, der bis zum Palais Régina führt, der Krönung des Bauprojekts. *Le Grand Palais* (Nr. 2) im klassischen französischen Stil galt damals mit seinen neun Etagen als technisches Meisterwerk. *Le Majestic* (Nr. 4) kündigt mit vielen Erkern und Belvedereterrassen den Baustil der 1930er-Jahre an. In der *Villa Paradiso* (Nr. 24) im Stil Ludwigs XV. ist heute eine Musikschule untergebracht. Die Villen *Raphaeli-Surany* (Nr. 35) und *L'Alhambra* (Nr. 46) gegenüber erinnern an den um 1900 beliebten maurischen Stil. Ein Beispiel typischer Nizzaer Architektur der Jahrhundertwende siehst du am *Winter Palace* (Nr. 84) – eine weiße Fassade, mit Stuck verziert.

Und wie schaut man sich den Prachtboulevard am besten an? Ganz einfach: Du steigst in den Panoramabus (s. S. 149) von Nice Le Grand Tour – und los gehts über den Boulevard bis nach Cimiez-Monastère. Oder du nimmst den Linienbus 5 nach Cimiez. *c1–3*

27 PALAIS RÉGINA

Folgendes nur als Hintergrundinformation, wenn dir auf dem Weg durch Cimiez dieser stadtbekannte Palast ins Auge springt – denn leider sind die Wohnungen heute in Privatbesitz und der Öffentlichkeit nicht zugänglich. Es handelt sich um Nizzas prunkvollsten Belle-Époque-Bau. Gebaut 1897, war er als Hôtel Excelsior Régina Palace den Besuchen der Königin Victoria von England gewidmet. Henri Matisse bewohnte hier zwei Appartements. *Blvd. de Cimiez/Av. Reine Victoria | Bus 5 Victoria |* *c1*

28 MUSÉE ET SITE ARCHÉOLOGIQUE DE NICE-CIMIEZ

Eine Zeitreise ins Jahr 13 v. Chr.: So weit führt die Geschichte Cimiez' zurück, als die Römer hier die Siedlung Cemenelum gründeten. Die Sammlung zeigt Funde von Ausgrabungen aus Cimiez und Umgebung und ist

Zeugnis der griechischen und römischen Vergangenheit. Das Areal umfasst Thermalanlagen, Wohn- und Geschäftsviertel. *Mi–Mo 10–17, Mai–Okt. bis 18 Uhr | 160, Av. des Arènes | musee-archeologie-nice.org | Bus 5, 33 Arènes/Musée Matisse | ⏲ 1½ Std. | 🕮 c1*

29 ARÈNES ET PARC DE CIMIEZ

Vor 2000 Jahren kämpften in der Arena von Cimiez Gladiatoren um ihr Leben, umjubelt von 5000 Zuschauern – so viel Platz war in der Arena, die im 1. Jh. gebaut wurde. Heute finden hier Kulturveranstaltungen und Feste statt. Die Parkanlage mit Pinien und Olivenbäumen bietet einen weiten Blick über die Dächer von Nizza, viel Platz zum Spielen und Pausieren und an warmen Sommertagen Schatten und Entspannung. *Tgl. 8.30–18, April–Sept. bis 20 Uhr | 160, Av. des Arènes | Bus 5, 33 Arènes/Musée Matisse | 🕮 c1*

30 MUSÉE MATISSE

Henri Matisse stammt zwar nicht aus Nizza, war aber so verliebt in die Stadt – in der er auch starb –, dass er untrennbar mit ihr verbunden ist. Ein Besuch seines Museums ist ein Muss: Die genuesische Villa aus dem 17. Jh. liegt mitten im Park von Cimiez und zeigt das Schaffen des berühmten französischen Künstlers. Neben Gemälden, Zeichnungen und Skulpturen beherbergt das Museum Fotografien und Gegenstände aus Matisse' Privatsammlung. *Mi–Mo 10–17, Mai–Okt. bis 18 Uhr | 164, Av. des Arènes de Cimiez | musee-matisse-nice.org | Bus 5, 33 Arènes/Musée Matisse | ⏲ 1½ Std. | 🕮 c1*

Würdiger Rahmen für einen Meister der Farben: Musée Matisse in der Villa des Arènes

31 MONASTÈRE DE CIMIEZ

Einmal oben im Musée Matisse, wirf doch einen Blick in die Klosterkirche. Sie ist nur ein paar Schritte entfernt. Hier lernst du einen berühmten Künstler der Stadt kennen: Drei Hauptwerke von Louis Bréa, entstanden im 15./16. Jh., zeigen ein Vesperbild, die Kreuzigung und die Kreuzabnahme. Das Kloster selbst ist bis heute von Franziskanermönchen bewohnt und für die Öffentlichkeit nicht zugänglich. Auf dem Friedhof des Klosters sind die Maler Raoul Dufy und Henri Matisse beigesetzt. *Kirche und Friedhof tgl. 7.30–18.30 Uhr | Place du Monastère | Bus 5, 33 Arènes/ Musée Matisse, Bus 35 Monastère | ◫ d1*

32 JARDIN DU MONASTÈRE

Außerhalb des Klosters blüht und grünt die mediterrane Variante eines Klostergartens mit Rosenbeeten, Zypressen, Orangenbäumen und einem weiten Blick über Nizza und die Baie des Anges. *Tgl. 8–18, April/Mai und Sept. bis 19, Juni–Aug. bis 20 Uhr | Bus 5, 33 Arènes/Musée Matisse, Bus 35 Monastère | ◫ c–d1*

AUSSERDEM SEHENSWERT

33 MUSÉE DES BEAUX-ARTS

Seit 1928 befindet sich das städtische Museum der Schönen Künste in den Räumen des prunkvollen Palais, der 1878 für die ukrainische Prinzessin Elisabeth Kotchoubey gebaut wurde. Die Villa mit ihrem Garten, dem Atrium und der monumentalen Treppe ist ebenso sehenswert wie die kleine, aber feine Sammlung des Museums. Zu den Exponaten gehören Gemälde des Rokokomalers Jean-Honoré Fragonard und der Impressionisten Eugène Boudin, Edgar Degas, Claude Monet und Alfred Sisley. Im großen Saal hängen Werke von Raoul Dufy – von ersten kubistischen Versuchen bis zum Spätwerk. Ein Teil des Museums ist Jules Chéret, einem Wegbereiter der modernen Plakatmalerei, gewidmet. *Mai–Okt. Di–So 10–18, Nov.–April 11–18 Uhr | 33, Av. des Baumettes | musee-beaux- arts-nice.org | Tramway 2 Centre Universitaire Méditerranéen | ⏲ 1½ Std. | Les Baumettes | ◫ a5*

34 MUSÉE INTERNATIONAL D'ART NAÏF ANATOLE JAKOVSKY

Einfach, bunt, unbekümmert, Reisen in eine imaginäre Welt – die naive Malerei vom 18. Jh. bis heute ist in dem ehemaligen Stadtschloss des Parfumeurs François Coty zu bewundern. Einer Schenkung von Anatole Jakovsky ist es zu verdanken, dass Nizza heute eine der weltweit bedeutendsten Ausstellungen der naiven Kunst besitzt. Was es zu sehen gibt, ist in der Tat erstaunlich: ca. 600 Werke von berühmten naiven Malern wie André Bauchant, Camille Bombois, Louis Vivin oder Séraphine Louis. Besonders bunt: die Riesenskulpturen von Frédéric Lanovsky im Museumsgarten. *Mi–Mo 10–12.30 und 13.30–18 Uhr | Château Sainte-Hélène, 36, Av.*

INSIDER-TIPP
Pop-Art XXL

Val Marie | short.travel/niz3 | Tramway 2 Fabron | 1½ Std. | Fabron | D3

35 MUSÉE DES ARTS ASIATIQUES

Alles Zen! Das beginnt schon beim Gebäude: Der japanische Architekt Kenzo Tange hat das Meisterwerk aus weißem Marmor in einem künstlichen See in einem großen Park gegenüber vom Flughafen entworfen. „Das Museum ist ein Schwan, der auf dem Wasser eines ruhigen Sees inmitten einer üppigen Vegetation an der Mittelmeerküste schwimmt", so Tange. Die vier Säle des Museums, das keinen Eintritt verlangt, sind China, Japan, Indien und Südostasien gewidmet. Im ersten Stockwerk ist der Buddhismus mit einer bemerkenswerten Sammlung vertreten. Ein besonderes Highlight ist der *Teepavillon* mit regelmäßiger Teeverkostung und Teezeremonie *(Anmeldung nötig). Mi–Mo 10–17, Juli/Aug. bis 18 Uhr | 405, Promenade des Anglais | Tel. 04 92 29 37 02 | arts-asiatiques.com | Tramway 2 Parc Phoenix | 2 Std. | Arenas | D3*

36 CATHÉDRALE ORTHODOXE RUSSE SAINT-NICOLAS

Grüne Zwiebeltürme ragen in den Himmel – ein Hingucker in der Silhouette Nizzas. Es sind die Türme der russischen Kathedrale, des größten russischen Gotteshauses außerhalb Russlands. Die Kathedrale aus terrakottafarbenem Backstein, hellgrauem Marmor und leuchtenden Keramiken ist nicht nur ein wunderschönes Gebäude, sondern auch Zeugnis der russischen Vergangenheit Nizzas. Russische Adelsfamilien und Mitglieder des Zarenhofs ließen sich im 19. Jh. an der Côte d'Azur nieder. Der Bau einer Kathedrale wurde notwendig. 1912 feierte die russische Gemeinde die Weihung ihres Gotteshauses. Ganz untypisch fürs Mittelmeer geht es auch im Inneren der Kathedrale weiter: wertvolle Ikonen, Fresken und Holzschnitzereien. Der Eintritt mit kurzen Hosen bzw. Röcken oder schulterfreien T-Shirts ist nicht gestattet! *Di–So 9–12 und 14–18 (im Winter ab 9.30 und bis 17.30) Uhr | Av. Nicolas II | Bus 64, 75 Tzaréwitch/Gambetta | Le Piol | a4*

37 VILLA ARSON

Eine prunkvolle Villa aus dem 17. Jh., umgeben von moderner Architektur aus Kieselsteinen und Beton mit weitläufigen Terrassen und Gärten. Zugegeben: Diese Architektur trifft nicht jeden Geschmack. Aber auf der Suche nach einem Kunstausflug der ungewöhnlichen Art bist du hier genau richtig! Die Villa Arson mit dem *Centre National d'Art Contemporain* ist Ausbildungsort für junge Künstler. Der Architekt Michel Marot, ein Schüler von Walter Gropius, schmückte die Gartenanlage mit zahlreichen Kunstwerken. Es gibt wechselnde Ausstellungen zeitgenössischer Kunst – der Eintritt ist frei. *Zu Ausstellungszeiten Mi–Mo 14–18, Juli/Aug. bis 19 Uhr | 20, Av. Stephen Liégeard | villa-arson.org | Tramway 1 Le Ray | Saint-Sylvestre | a1*

38 LE 109

Die ehemaligen Schlachthöfe Nizzas sind heute ein Ort kultureller Veranstaltungen. Auf 18 000 m² wurden

Im 19. Jh. für den russischen Adel erbaut: die russisch-orthodoxe Kathedrale Saint-Nicolas

Ausstellungs-, Veranstaltungsräume und 29 Künstlerateliers eingerichtet. Wechselnde Ausstellungen zeitgenössischer Künstler finden hier eine Plattform. *89, Route de Turin | le109.nice.fr | Bus 7, 14, 88 Abattoirs | Roquebillière | d2*

39 OBSERVATOIRE DE NICE

Wie ein großes, weißes Ei spitzt die Kuppel des Observatoriums auf dem Mont Gros im Nordosten Nizzas hervor. Charles Garnier war der Architekt und die riesige, mobile Kuppel hat Gustave Eiffel geschaffen. Hier kommst du den Sternen nah, denn die Kuppel beherbergt das seinerzeit größte Fernrohr der Welt: 18 m lang, 76 cm Durchmesser. Das 1887 fertiggestellte Observatorium steht unter Denkmalschutz und hat heute noch maßgeblichen Anteil an Forschungen in Astrophysik. Und nicht nur der Blick nach oben lohnt sich: Eine tolle Aussicht über die Baie des Anges gibt es vom 40 ha großen Park aus. *Mi und Sa 10 und 14 Uhr nach Anmeldung über die Website | Blvd. de l'Observatoire | oca.eu | Bus 84 Observatoire | Vinaigrier | E2*

AUSFLÜGE

Egal, ob du Nizza an der Küste ostwärts oder westwärts oder ins Landesinnere verlässt – alle Richtungen sind ideal, um die Umgebung und die Kunst und Kultur der Region kennenzulernen.

Sei es das Cap Ferrat mit seinen prächtigen Villen Ephrussi de Rothschild und Kerylos oder im Hinterland von

Nizza die Fondation Maeght im Örtchen Saint-Paul-de-Vence, das sich ab den 1920er-Jahren einen fast schon legendären Ruf als Künstlerdorf erworben hat und Refugium vieler Film- und Bühnenstars war.

40 VILLEFRANCHE-SUR-MER

5 km östlich/25 Min. mit Bus 15 ab Promenade des Arts bis Octroi

Die Altstadt von Villefranche erhebt sich wie ein antikes Theater über dem Meer. Von der Citadelle Saint-Elme aus dem 16. Jh. mit ihren mächtigen Mauern bietet sich dir ein schöner Ausblick. Direkt im Hafen steht die kleine *Chapelle Saint-Pierre (Mitte Dez.–Mitte Nov. Mi–So 9.30–12.30 und 14–18 Uhr)* mit Fresken von Jean Cocteau. Der malerische Fischerhafen hinter der Kapelle verlockt zu einem Stopp in einem der Cafés. Parallel zur Uferstraße Quai de l'Amiral Courbet liegt die *Rue Obscure,* eine komplett mit Häusern überbaute Straße. Für die einen ein Pilgerbesuch, für die anderen ein verschlossenes Tor: In der Avenue Louise Bordes 10 steht die herrschaftliche *Villa Nellcote.* Berühmte Mieter waren in den 1970er-Jahren die Rolling Stones, die hier ihr Album Exile on Main St. produzierten. *villefranche-sur-mer.fr* | *E3*

41 VILLA GRECQUE KÉRYLOS

7 km östlich/35 Min. mit Bus 15 ab Promenade des Arts bis Kérylos

Ja, warum denn nicht – dann bauen wir uns doch mal eine griechische Villa an der Côte d'Azur! Genau das tat Théodore Reinach: Der leidenschaftliche Archäologe ließ sich einen griechischen Palast von der Insel Delos aus dem 2. Jh. v. Chr. aufs Cap Ferrat setzen. Und so kommt es, dass man heute in *Beaulieu-sur-Mer* die Villa Kérylos besichtigen kann. Sie ist mit Kopien und Reproduktionen von Möbeln und Fresken aus dem alten Griechenland eingerichtet. Über das Kultur- und Konzertprogramm informiert die Website. *Tgl. 10–17, Mai–Aug. bis 18 Uhr* | *Impasse Gustave Eiffel* | *villakerylos.com* | *1½ Std.* | *E3*

42 VILLA ET JARDINS EPHRUSSI DE ROTHSCHILD ★

8 km östlich/45 Min. mit Bus 15 ab Promenade des Arts bis Passable/Rothschild

Sieben Jahre benötigte die Baronesse Béatrice Ephrussi de Rothschild ab

1905, um diesen außerordentlich idyllischen Komplex in *Saint-Jean-Cap-Ferrat* zu bauen. Die Ideen von nicht weniger als 15 Architekten flossen unter ihrer Anleitung in den Bau ein. Als Zeichen ihrer Extravaganz erschien die Baronesse nur in rosarotem Gewand in der Öffentlichkeit. Ihre Villa beherbergt heute eine der wichtigsten Kunstsammlungen Frankreichs, u.a. mit Möbeln und Gemälden aus Mittelalter und Renaissance, sowie eine wertvolle Porzellansammlung. Die 7 ha großen Themengärten sind paradiesisch.

Für ein leichtes Mittagessen oder eine kleine Pause zwischendurch ist die Terrasse des eleganten *salon de thé* mit Blick aufs Meer genau das Richtige. *Feb.–Okt. tgl. 10–18, Juli/Aug. bis 19, Nov.–Jan. Mo–Fr 14–18, Sa/So 10–18 Uhr | villa-ephrussi.com | 2½ Std. |* *E3*

43 CAP FERRAT

10 km östlich/45 Min. mit Bus 15 ab Promenade des Arts bis Port de Saint-Jean

Fuchsjagd am Cap Ferrat? Das war einmal. Da wurde auf der Halbinsel vor Nizza noch kein Champagner geschlürft; Hollywoodstars gab's noch nicht. Auf dem verwilderten Grund traf man sich lediglich, um Füchse zu jagen. Deren Bauten sind schon lange herrschaftlichen Villen gewichen. Der belgische König Leopold II., der sich zu dieser Zeit im Grand Hôtel Cimiez aufhielt, entdeckte 1895 das Stückchen Land. Er erwarb zwei Drittel des

Die Reichen und Superreichen wussten schon immer, wo's schön ist: Cap Ferrat

Geländes und ließ zahlreiche Villen bauen. Darunter waren auch die berühmte *Villa Radiana* – ein goldener Käfig für seine junge Geliebte Blanche Delacroix – sowie die daran angrenzende *Villa des Cèdres* direkt neben dem Tourismusbüro, leider nicht zu besichtigen.

Bis heute hat die Halbinsel nichts von ihrem Luxus verloren: Sie gehört zu den teuersten Flecken der Erde, Berühmtheiten wie Jean-Paul Belmondo, Paul Allen oder Andrew Lloyd Webber besitzen dort ihre Anwesen. Die gesamte Halbinsel kannst du auf Fußwegen umrunden. Alle Spaziergänge findest du in der digitalen Broschüre unter *saintjeancapferrat-tourisme.fr*. Schön ist z. B. der Weg zur Kapsitze *Pointe Saint-Hospice* (hin und zurück ca. 3½ km ab Hafen Saint-Jean). *E3*

44 FONDATION MAEGHT ★

22 km westlich/1 Std. mit Bus 9 ab Parc Phoenix bis Cagnes-sur-Mer, dort umsteigen in Bus 655

Auf einem schattigen Hügel bei Saint-Paul-de-Vence verbergen sich in einem Pinienhain Kunstschätze – eine der wichtigsten europäischen Sammlungen zeitgenössischer Gemälde, Skulpturen und Zeichnungen: Bonnard, Calder, Chagall, Giacometti, Léger, Miró. Das Ehepaar Marguerite und Aimé Maeght hat die Stiftung 1964 gegründet und zusammen mit dem Architekten Josep Lluís Sert einen der Kunst geweihten Ort geschaffen. Gebäude und Anlage wurden von den Künstlern mitgestaltet: Wandmosaike von Marc Chagall und Pierre Tal-Coat, Brunnen von Pol Bury, ein Fenster und ein Mosaik von Georges Braque, ein Skulpturenlabyrinth von Joan Miró, der Hof mit Bronzefiguren von Alberto Giacometti. Von Giacometti ist auch das Mobiliar im *Museumscafé (Di/Mi geschl.)* im Garten. Anlässlich ihres 60-jährigen Bestehens im Jahr 2024 wird die Ausstellungsfläche um zwei moderne, lichtdurchflutete Räume erweitert. *Tgl. 10–18, Juli/Aug. bis 19 Uhr | fondation-maeght.com | 2–2½ Std. | C3*

45 SAINT-PAUL-DE-VENCE

20 km westlich/1 Std. mit Bus 9 ab Parc Phoenix bis Cagnes-sur-Mer, dort umsteigen in Bus 655

Nach einem Besuch der Fondation Maeght ist es bis in den kleinen Künstlerort ein Katzensprung. Einer, der sich unbedingt lohnt! Das Dorf mit seinen Geschäften, Galerien und Restaurants thront auf einem Hügel mit Meerblick. Am Mittwochvormittag ist Markt, aber auch an jedem anderen Tag macht ein Bummel durch die Gassen Spaß. Marc Chagall lebte hier von 1966 bis 1985 und fand auf dem Friedhof von Saint-Paul seine letzte Ruhe. Kunstfreunde steuern die *Galerie Catherine Issert (Di–Sa 11–19 Uhr | 2, Route des Serres | galerie-issert.com)* an. *saint-pauldevence.com | C3*

46 CHAPELLE DU ROSAIRE

24 km westlich/1 Std. 10 Min. mit Bus 9 ab Parc Phoenix bis Halte Routière

1947–51 steckte Henri Matisse all seine Ideen und Liebe zu Licht und Farben in die Gestaltung dieser Kapelle im Örtchen *Vence*. Von Fenstern und Türen über Bilder bis hin zum Altar – alles stammt aus seiner Hand. Das durch die farbigen Fenster einfallende Licht taucht die Kapelle in einen warmen Schein. Das Spiel von Licht und Sonne ist vormittags am eindrucksvollsten. Die Kerzenständer sind Matisse' Lieblingsblume, der Anemone, nachempfunden, die Fenster zeigen ebenfalls Pflanzenmotive und die weißen Wände zieren lediglich drei schlichte Fresken von Matisse. „Das ist mein Meisterstück", urteilte Matisse über das Ergebnis seiner Arbeit. Und Le Corbusier verließ die Kapelle mit den Worten: „Dank Ihnen ist das Leben heute schön." *Mitte Dez.–Mitte Nov. Di, Do und Fr 10–11.30 und 14–17.30, Mi und Sa 14–17.30 Uhr | 1 Std. | C2*

INSIDER-TIPP
Wo Blumen in Flammen stehen

TRAIN DES PIGNES

Du kannst natürlich ins Auto steigen, um das Hinterland zu erkunden. Aber dann verpasst du eine Zugfahrt auf einer historischen Bahnstrecke aus dem 19. Jh. Sie wurde gebaut, um Nizza mit dem Hinterland zu verbinden. Die Strecke von Nizza nach Le Fugeret ist die letzte, die noch in Betrieb ist. Erleben kannst du die Fahrt mit einem Kombiticket ab Nizza. Nach *Puget-Théniers* (*0*) geht es mit dem normalen Zug vom *Gare des Chemins de Fer de Provence (4bis, Rue Alfred Binet | b3)*; historisch wird es dann bei der Weiterfahrt nach Annot oder Entrevaux mit dem „Pinienzapfenzug". *Mai–Okt. 1–2 Fahrten/Woche | traindes pignes.fr, cpzou.fr/train-des-pignes-va peur*

INSIDER-TIPP
Ein Pinienzapfen auf Schienen

ESSEN & TRINKEN

Oh là, là – hier schmeckts vom Frühstück bis zum Abendessen! Mit französischen Croissants und Baguette am Morgen und einem leichten mediterranen Lunch hangelst du dich genüsslich durch den Tag. Am Abend schließlich toben sich die Küchenchefs für dich aus.

Und was kommt dabei raus? Nizzas Küche schmeckt mal französisch, mal italienisch und oft beides gleichzeitig. Mediterranes Gemüse, Kräuter, Olivenöl, Fleisch und sehr gerne Fisch. Das Ergebnis sind die typischen *petits farcis* (gefüllte Gemüse), Dorade mit marktfri-

Knusprig wie eine italienische Pizza, saftig wie ein Elsässer Zwiebelkuchen: *pissaladière*

schem Gemüse, *raviolis niçoises* oder *pissaladière,* die Nizzaer Variante des Zwiebelkuchens. Alles zusammen nennt sich dann *cuisine niçoise.*

Neben alteingesessenen Restaurants öffnen immer wieder kleine, neue Bistros, die das Traditionelle mit dem Modernen verbinden. Und den passenden Wein gibt es direkt vor der Tür: aus den Weinhängen von Bellet. Essengehen in Nizza ist kein preiswertes Vergnügen. In den meisten Restaurants werden aber mittags günstigere Menüs *(formule midi)* angeboten, nach denen du Ausschau halten solltest.

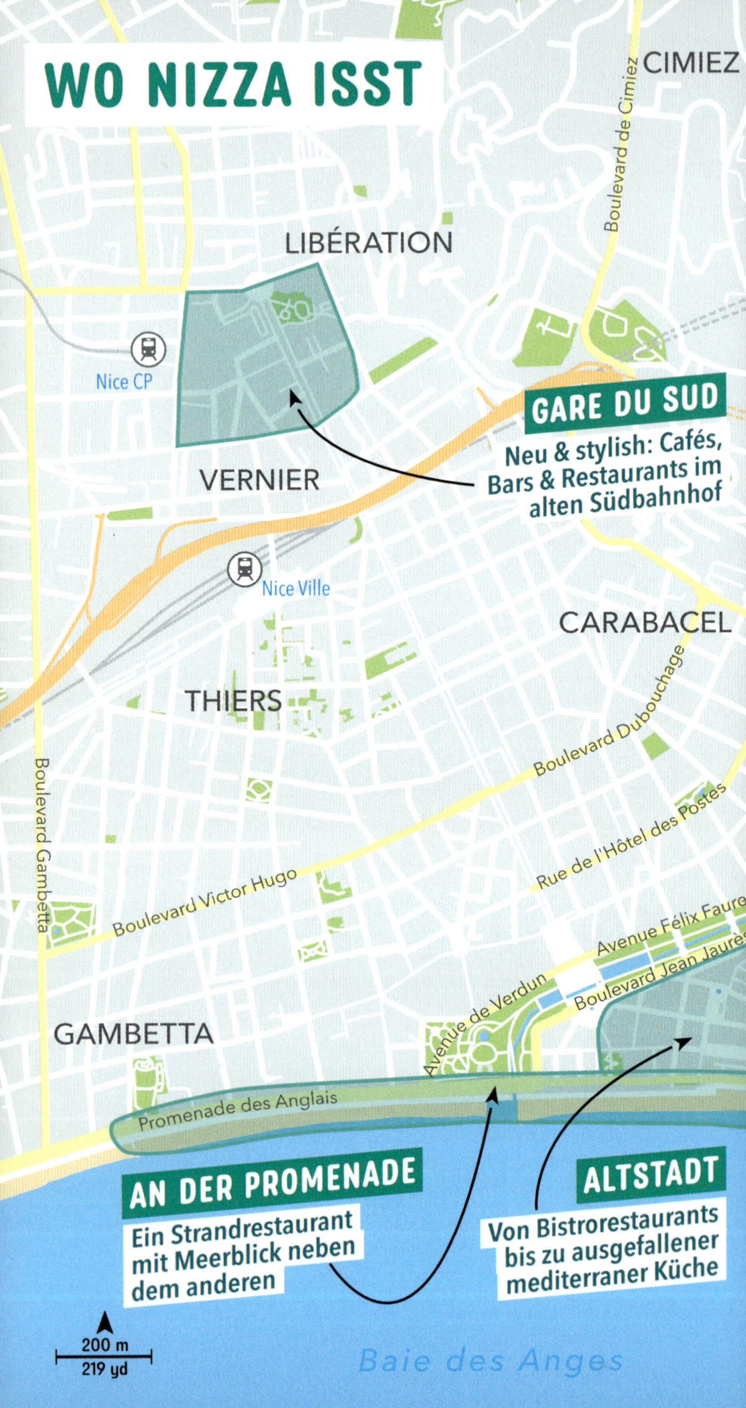

WO NIZZA ISST
CIMIEZ
Boulevard de Cimiez
LIBÉRATION
Nice CP
GARE DU SUD
Neu & stylish: Cafés, Bars & Restaurants im alten Südbahnhof
VERNIER
Nice Ville
CARABACEL
THIERS
Boulevard Dubouchage
Boulevard Gambetta
Rue de l'Hôtel des Postes
Boulevard Victor Hugo
Avenue Félix Faure
Boulevard Jean Jaurès
Avenue de Verdun
GAMBETTA
Promenade des Anglais
AN DER PROMENADE
Ein Strandrestaurant mit Meerblick neben dem anderen
ALTSTADT
Von Bistrorestaurants bis zu ausgefallener mediterraner Küche
200 m
219 yd
Baie des Anges

MARCO POLO HIGHLIGHTS

★ **FENOCCHIO**
Riesige Auswahl und die ausgefallensten Eissorten ➤ S. 58

★ **CHEZ PIPO**
Eines der Lokale, wo es die berühmte lokale Spezialität *socca* gibt ➤ S. 58

★ **LE CAFÉ DE TURIN**
Das Mekka schlechthin für Meeresfrüchteliebhaber ➤ S. 63

★ **ACCHIARDO**
Seit Generationen – einfaches, ehrliches, gutes Essen ➤ S. 65

ZWISCHEN RUE BONAPARTE & HAFEN
Chillen von morgens bis abends in Cafés und Apéro-Kneipen

JENSEITS DES HAFENS
Spektakulärer gehts nicht: Essen auf einem Sprungturm

BISTROS & SHOPS

Eine saftige Quiche zwischen Körben voller Biogemüse? Eine Schinkenplatte zwischen Weinkisten? Herrlich! In Nizza gibt es jede Menge Bistros *(€–€€)*, in denen du in lockerer Shoppingatmosphäre eine Pause einlegen kannst.

1 OLIVIERA

Seine Passion ist das Olivenöl: Mit leuchtenden Augen verkostet Nadim Beyrouti die besten Öle der Region. Im Bistro serviert er Gerichte von einer monatlich wechselnden Karte. Im Mittelpunkt steht stets das Olivenöl: Jeder Speise wird ein in der Karte ausgewiesenes Öl beigefügt. *Di–Sa 12–15 (Geschäft 10–19) Uhr | 8bis, Rue du Collet | Tel. 04 93 13 06 45 | oliviera.com | Altstadt | b8*

2 CAFÉ DU CYCLISTE

Fahrradshop? Werkstatt? Café? Dreimal richtig! Ob du dir ein neues Outfit kaufen, dein Rad checken oder während deiner persönlichen Tour de France duschen möchtest – das Café in einer ehemaligen Schiffswerft erfüllt alle großen und kleinen Radlerwünsche. Croissants und *pains au chocolat* gibts natürlich auch. *Mo–Sa 8.30–18, So 8.30–13.30 Uhr | 16, Quai des Docks | Tel. 09 67 02 04 17 | cafeducycliste.com | Tramway 2 Port Lympia | Hafenviertel | d9*

3 CABANE DU 12

Épicerie, das klingt so viel schöner als das deutsche „Lebensmittelladen". Diese hier ist eine vegane *épicerie*, in der

auch Veganer und Vegetarier ihr Glück finden – das ist in Nizza gar nicht so einfach. Du kannst auch bleiben und bei Yasmine ein kleines Päuschen mit Kaffee und Kuchen einlegen. *Di–Sa 11–14 und 15–19 Uhr | 14, Rue Tonduti de l'Escarène | Tel. 04 93 80 68 69 | cabanedu12.com | Tramway 2 Durandy | Neustadt | b8*

4 LA PART DES ANGES

Ja, hier bist du richtig! Beim Eintreten stolpert man in Olivier Labardes kleinem Laden über Weinkartons und Flaschen. Rustikal und originell ist das Bistro im hinteren Teil des Geschäfts mit täglich wechselnden Gerichten und Zutaten frisch vom Markt. *Mo–Sa 10–20 Uhr | 17, Rue Gubernatis | Tel. 04 93 62 69 80 | lapartdesanges-nice.com | Tramway 2 Durandy | Neustadt | a8*

5 MA YUCCA

Es duftet nach Sesam, Sojasauce und gleichzeitig nach typisch französischer Dorade. Bei Yuka Ueda haben sich französische und japanische Küche gefunden. In ihrer Boutique *Ma Yucca Maison* gibt es japanische Accessoires, Deko- und Porzellanartikel. *Di–Sa 12.15–13.45 und 19.15–21.45 Uhr | 26, Rue de la Buffa | Tel. 04 93 88 39 84 | mayucca.fr | Tramway 2 Alsace-Lorraine | Neustadt | b5*

6 GARE DU SUD

2019 wurde der historische Südbahnhof wieder eröffnet – allerdings nicht zum Ein- und Ausfahren von Zügen sondern als *halle gourmande*. Die auf-

Oliviera: Hier spielt – wohlschmeckendes und gesundes – Olivenöl eine verdiente Hauptrolle

wendig im Industriestil restaurierte, 18 m hohe, teilweise verglaste Halle lädt zum Essen, Trinken und Chillen auf zwei Ebenen ein. Alles, was die mediterrane Küche zu bieten hat, lässt sich an den Touchscreens in der Halle bestellen. *Tgl. 8–23 Uhr | 35, Av. Malausséna | @lagaredusud | Tramway 1 Libération | Libération | b3*

CAFÉS & SNACKS

7 NUANCES PÂTISSERIE

Wie herrlich, wenn der Tag erwacht und in einer kleinen *pâtisserie* in den ersten Sonnenstrahlen mit einem Kaffee und feiner *viennoiserie* von Croissants bis Tartes beginnt. Ein Konditor, der sein Handwerk liebt und Gebäck und Törtchen zaubert. *Di–Sa 8–12 und 14–19, So 8–15 Uhr | 20, Rue François Guisol | @nuances_patisserie | Tramway 2 Port Lympia | Hafenviertel | c8*

8 LA CIVETTE DU COURS

Der Cours Saleya ist gesäumt von Cafés und Restaurants. La Civette ist eine sonnige Frühstücksadresse mit Marktblick, ein Treffpunkt für den Aperitif und deshalb auch bei Einheimischen beliebt. *Tgl. 8–24 Uhr | 1, Cours Saleya | civette-cours-nice.fr | Altstadt | b9*

9 CAFÉS INDIEN

Der Duft frisch gerösteten Kaffees führt in den Laden der alteingesessenen Rösterei. Ein köstlicher *café crème* im Stehen und eine riesige, zum Kauf verführende Auswahl an Kaffeesorten aus aller Welt. *Di–Sa 9–19 Uhr | 35, Rue Pairolière (Filiale: 2bis, Rue Sainte-Réparate | b9) | cafes-indien.com | Altstadt | b8*

10 CAFÉ PAULETTE

Ob zum Frühstück, Mittagessen oder Nachmittagssnack – bei Paulette gibt es Süßes und Herzhaftes. Die Karte wechselt täglich. Das Schönste: Du sitzt in der Rue Bonaparte, dem pulsierenden Herzstück des Viertels. Für einen Brunch am Samstag solltest du reservieren. *Di–Sa 8–0.30 Uhr | 15, Rue Bonaparte | Tel. 04 92 04 74 48 | cafe-paulette-nice.com | Tramway 1, 2 Garibaldi | Hafenviertel | c8*

11 CHEZ PIPO ★

Streetfood? Klar gibts das auch im Land der Haute Cuisine! Und zwar ganz simpel hergestellt – aus Kichererbsenmehl. Nizzas berühmte Kichererbsenfladen heißen *socca* und werden in riesigen Pfannen auf offenem Feuer zubereitet. In Stücke geschnitten, isst man sie heiß, gut gepfeffert und trinkt dazu ein Glas Rosé. An Holztischen an einem sonnigen Vormittag in Bummellaune inmitten von Franzosen – geselliger kann Streetfood *à la niçoise* nicht sein! *Mi–So, Sommer Di–So 11.30–14.30 und 17.30–22 Uhr | 13, Rue Bavastro | chezpipo.fr | Tramway 2 Port Lympia | Hafenviertel | c–d8*

12 LA GRATTA

Es ist nur ein kleines, unscheinbares Imbissbüdchen. Aber was bei La Gratta für 5 Euro über die Ladentheke kommt, ist köstlich: für viele das beste *pan bagnat* der Stadt! Die kleine Strandbucht am Gourmetlokal La Réserve ist nicht weit – und der beste Platz, um diesen für Nizza so typischen Snack zu genießen. *Im Sommer tgl., sonst Mo geschl., Zeiten je nach Wetter unterschiedlich | 56, Blvd. Stalingrad | Tramway 2 Port Lympia | Hafenviertel | d9*

13 KIOSQUE TINTIN

Direkt am Markt an der Place du Général de Gaulle gelegen, ist das ein schöner Ort für Nizzas frischen und günstigen Mittagsimbiss – das *pan bagnat*. *Di–So 6–15 Uhr | 3, Place du Général de Gaulle | Tramway 1 Libération | Libération | b3*

EIS

14 FENOCCHIO ★

Ausgefallen wie Lavendel, Lakritz oder Ingwer? Oder doch lieber klassisch wie Schokolade, Nuss oder Aprikose? Über 60 Sorten Eis und mehr als 30 verschiedene Sorbets machen die Wahl mehr als schwer. Doch egal, für welche Sorte du dich entscheidest – das Eis von Fenocchio ist Kult! *März–Nov. tgl. 9–24 Uhr | 6, Rue de la Poissonnerie; 2, Place Rossetti | fenocchio.fr | Altstadt | b9*

15 GELATERIA AZZURRO

Das Eisparadies der Eismacherfamilie Veyrat liegt nur wenige Meter von der Place Rossetti entfernt. Hier geht es ausgesprochen kinderfreundlich zu! Für die Kleinen gibt es ein Extra-Gummibärchen auf der Eiskugel, die Bedienung wartet geduldig auf die

Suggestions du jour

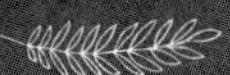

Entrées

PETITS FARCIS
Warme Gemüse – Tomaten, Zucchini, Auberginen, Zwiebeln –, mit Hackfleisch gefüllt

PISSALADIÈRE
Dünner Zwiebelkuchen mit Sardellenfilets und schwarzen Oliven

SOCCA
In einer großen Pfanne gebackener Fladen aus Kichererbsenmehl

SALADE MESCLUN
Mischung verschiedener frischer, junger Blattsalate

SALADE NIÇOISE
Salat aus Blattsalat, Tomaten, Sellerie, hart gekochten Eiern, schwarzen Oliven und Zwiebeln

Plats

SOUPE AU PISTOU
Gemüsesuppe mit einem Pesto aus Knoblauch, Basilikum und Olivenöl

MERDA DE CAN
Kartoffelgnocchi, gefüllt mit Käse und Mangold

RAVIOLI AU PISTOU
Ravioli mit einer Sauce aus Basilikum, Knoblauch und Olivenöl

DAUBE À LA NIÇOISE
Schmorgericht aus Rindfleisch, Zwiebeln, Karotten und Kräutern

PORQUETTA
Spanferkelbraten, gefüllt mit Zwiebeln, Knoblauch und Kräutern

SAINT-PIERRE AVEC LÉGUMES DE SAISON
Petersfisch mit Gemüse der Saison

ROUGETS ET SAINT-JACQUES
Rotbarben und Jakobsmuscheln, in Olivenöl gebraten

Desserts

ÎLE FLOTTANTE
Eischneenocken auf Vanillesauce, mit Karamellsauce verfeinert

TOURTE DE BLETTES
Teigtasche, gefüllt mit Mangold, Rosinen und Pinienkernen

CAFÉ GOURMAND
Espresso mit verschiedenen kleinen Naschereien

INSIDER-TIPP
Wie das duftet!

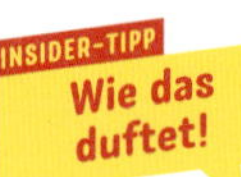

schwierige Auswahl – und das Beste sind die frisch gebackenen Eiswaffeln. *März–Okt. tgl. | 1, Rue Sainte-Réparate | Altstadt | b9*

RESTAURANTS €€€

16 LE BISTRO GOURMAND

Sie sind ein eingespieltes Team – David Vaqué kocht, seine Frau Laurence kümmert sich um Service und Gäste. Die beiden haben sich ihren Traum erfüllt und das merkt man in jedem Detail. Die Gerichte sind raffiniert und natürlich qualitativ top – ob warme *foie gras* mit gerösteten Feigen, Davids berühmte Bouillabaisse oder hausgemachte Ravioli mit Gambas. Menüs gibt es ab 38 Euro, das Mittagsmenü ab 25 Euro. *Tgl. | 3, Rue Desboutin | Tel. 04 92 14 55 55 | bistrotgourmand.net | Altstadt | a9*

17 LE PANIER

Am Rand der Altstadt legt mit Küchenchef Aurélien Martin hier ein waschechter Niçois Hand an. Seine Leiden-

Le Plongeoir: Die spektakuläre Location an Nizzas Hafeneinfahrt sucht ihresgleichen

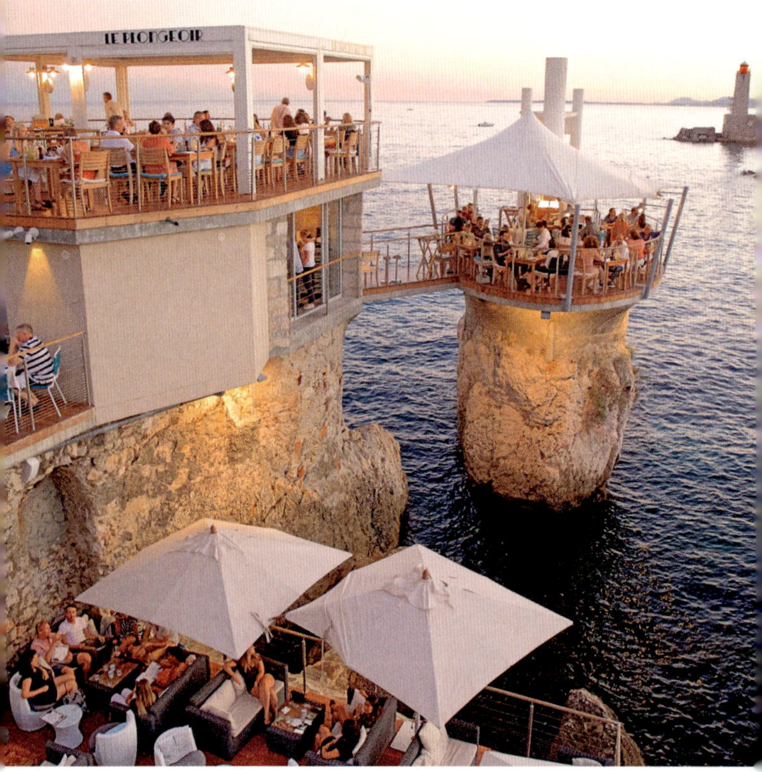

schaft ist nicht die typische Hausmannskost, sondern feine mediterrane Küche, raffiniert zubereitet. Aber du musst die Überraschung lieben: Es gibt keine Karte, sondern nur das monatlich wechselnde Menü, das der Chef zubereitet. *Do-Mittag und Di/Mi geschl. | 5, rue Barillerie | Tel. 04 89 97 14 37 | restaurantlepanier.com | Altstadt | b9*

18 LA RÉSERVE DE NICE

1875 als Hotelrestaurant eröffnet, wurde der Restaurantmythos im Jahr 2006 wieder zum Leben erweckt. Die Lage ist umwerfend: Das Gebäude steht auf einem Felsen am Hafeneingang, dahinter öffnet sich der Blick auf die Baie des Anges. Auf der Panoramaterrasse oder im Gourmetrestaurant, eingerichtet im Art-déco-Stil, bekommst du serviert, was Küchenchef Jérôme Cotta aus regionalen Produkten zaubert. *Tgl. | 60, Blvd. Franck Pilatte | Tel. 04 97 08 14 80 | lareservedenice.fr | Bus 38 La Réserve | Mont Boron | d10*

19 LE PLONGEOIR

Das Restaurant an der Einfahrt in den Hafen ist ein Symbol Nizzas. Es begann Ende des 19. Jhs. mit einem als Café und Restaurant genutzten Fischerboot auf einem Felsen im Meer. 1941 ging es weiter mit einem Sprungturm *(plongeoir)*, der an den Fels gebaut wurde und vielen jungen Niçois unvergessliche Jugenderinnerungen bescherte. Heute ist der Fels die spektakulärste Restaurantterrasse der Stadt. Nur spontan darf man nicht sein – unbedingt schon lange im Voraus auf der Website reservieren! *Im Winter Mi und abends geschl. | 60, Blvd. Franck Pilatte | Tel. 04 93 26 53 02 | leplongeoir.com | Mont Boron | d10*

SIDER-TIPP
6 m überm Meer dinieren

RESTAURANTS €€

20 BISTROT D'ANTOINE

Eine Institution in Nizza sowohl für Einheimische wie für Touristen. In dem kleinen Restaurant im Brasseriestil bekommst du vor allem regionale Gerichte wie z. B. die traditionelle *boudin noir* (Blutwurst). Aber auch ein klassisches *filet de bœuf* findest du auf der Karte. *So/Mo geschl. | 27, Rue de la Préfecture | Tel. 04 93 85 29 57 | @bistrot_dantoine_nice | Altstadt | b9*

21 LE GALET

Altstadt gut und schön, aber einmal am Strand mit Blick aufs Meer essen gehört einfach dazu. Mit dem Le Galet ist frischer Wind in die Strandbar-Landschaft gekommen: flott und modern, sommerlich mediterranes Essen, Snacks und Salate für Temperaturen über 30 Grad und danach eine Liege zum Chillen und manchmal sogar Livemusik zum Loungen. Sommer kann so schön sein! Winter übrigens auch, wenn du dich in der milden Sonne über dein Lunch am Meer freust. *Tgl. | 3, Promenade des Anglais | Tel. 04 93 88 17 23 | galet-plage.fr | Bus 8, 12 Albert 1er | Neustadt | a9*

22 LE SÉJOUR CAFÉ

Parkett, graue Polsterstühle, weiße Wände und Regale mit Büchern, Bildbänden, Fotos, Windlichter – modern und wohnlich ist es im Séjour, im „Wohnzimmer", eingerichtet. In diesem Ambiente empfängt Familie Geille ihre Gäste zu mediterraner Küche von einer kleinen, feinen Karte. *Mittags und So/Mo geschl. | 11bis, Rue Grimaldi | Tel. 04 97 20 55 35 | sejourcafe.com | Tramway 1, 2 Jean Médecin | Neustadt | b5*

23 CÔTÉ MARAIS

Küchenchef Mario und Sommelier Laurent nehmen sich Zeit, erklären, was in ihren Töpfen schmort (gerne auch auf Deutsch), und kümmern sich nach allen Regeln der Servicekunst um ihre Gäste. Was saisonal und regional gerade angeboten wird, verwandelt sich in der winzigen Küche zu mediterranen Fisch-, Fleisch- und Gemüsegerichten. Und das bis spät am Abend: Selbst wenn dir der Magen zu später Stunde knurrt – hier sind die Herdplatten noch heiß, wenn andere Restaurants schon lange abgespült haben, nämlich bis 23 Uhr. *Di/Mi und mittags geschl. | 4, Rue du Pontin | Tel. 04 93 80 95 39 | @cotemarais | Altstadt | b9*

INSIDER-TIPP
Speisen zu später Stunde

24 L'AMOUR

Hier kommt nicht französische, sondern griechische Küche auf den Tisch. Trotzdem sind das Restaurant und die Rooftop-Bar im 7. Stock mit ihrem modernen Design einen Besuch wert. Sehr schön im Sommer ist die Dépendance mit Privatstrand und französischer Küche am Meer *(tgl. | 47, Promenade des Anglais | Tel. 04 97 14 00 83). Tgl. | 3, Av. des Fleurs | Tel. 04 65 27 10 10 | hotelamournice.fr | Tramway 2 Alsace-Lorraine | Neustadt | a5*

25 FINE GUEULE

Küchenchef Géraud wirbelt in der Mitte des Restaurants durch seine verglaste Küche. Was herauskommt, ist köstliche französische Küche mit Pfiff. Aber nicht zu früh satt essen: Für eine *tarte au citron meringuée* solltest du unbedingt noch Platz lassen! Günstig ist das wechselnde Mittagsmenü für 19,50 Euro. *So/Mo geschl. | 2, Rue Hôtel de Ville | Tel. 04 93 80 21 64 | finegueule.fr | Altstadt | a9*

26 OLIVE & ARTICHAUT

Motto: „Zwischen Bergen und Meer", Philosophie: lokale Produkte französisch-italienisch mit Raffinesse, aber ohne Chichi zubereiten; Ambiente: ebenso natürlich wie freundlich. Und weil diese Kombination viele sehr schön finden: unbedingt reservieren! *So/Mo geschl. | 6, Rue Sainte-Réparate | Tel. 04 89 14 97 51 | oliveartichaut.com | Altstadt | b9*

27 LAVOMATIQUE

Wo einst Wäsche geschleudert wurde, trifft man sich zu Tapas à la française. Ziemlich grandios, was die Brüder Hugo und Grégoire zaubern. Ihre Leidenschaft fürs Kochen und Kreieren lacht einem von jedem Teller entgegen. Ob ein kleiner Tapassnack zum Wein oder ein großer zum Sattessen – köstlich! Auch sonst erwartet einen bei jedem Besuch et-

INSIDER-TIPP
Tapas auf Französisch

Meeresfrüchtespezialist: Im Café de Turin sind Seeigel nur eine von vielen Delikatessen

was Neues und falsch liegt man nie. *Mo-Mittag und Sa/So geschl. | 11, Rue Pont Vieux | Tel. 04 93 55 54 18 | lavomatique-restaurant.business.site | Altstadt | b9*

28 LA MERENDA

Dominique Le Stanc, einst Küchenchef im Hotel Negresco, kocht in seinem kleinen Altstadtrestaurant Nizzaer Spezialitäten und legt dabei Wert auf das Wesentliche: gute Rezepte, eine authentische Atmosphäre und beste Zutaten. Die holt er täglich mit dem Fahrrad gleich nebenan auf dem Markt am Cours Saleya. Achtung: keine Kreditkarten! *Sa/So geschl. | 4, Rue Raoul Bosio | kein Tel. | lamerenda.net | Altstadt | b9*

29 LE CAFÉ DE TURIN ★

Austern schlürfen und Muscheln löffeln nach Herzenslust! Das Café de Turin ist und bleibt *der* Ort zum Meeresfrüchtenaschen, seit über 100 Jahren ein Lieblingstreffpunkt der Nizzaer in quirliger Bistroatmosphäre. *Tgl. | 5, Place Garibaldi | Tel. 04 93 62 29 52 | cafedeturin.fr | Tramway 1, 2 Garibaldi | Hafenviertel | c8*

30 LES PÊCHEURS

Wo schmeckt Fisch besser als direkt am Hafen? Hier ist man spezialisiert auf Fischgerichte aller Art, liefert Qualität verbunden mit Raffinesse in typischem Marinedekor. Wer zu zweit kommt, sollte eine *bourride* probieren, den typisch provenzalischen Fischein-

Eine Institution seit Generationen: das familiäre Restaurant Acchiardo

topf. *Mo geschl. | 18, Quai des Docks | Tel. 04 93 89 59 61 | lespecheurs.com | Port Lympia | Hafenviertel | d9*

31 RESTO CÔTÉ SUD

Du hast dich auf dem Hügel von Cimiez an Chagall und Matisse hungrig gesehen und bist ein Fan origineller mediterraner Küche? Dann bist du für den Lunch bei Luc Jaffres richtig. In seine Töpfe kommt frisches, saisonales Marktgemüse, in die Gläser gerne Biowein. *Sa/So und außer Fr abends geschl. | 2, Rue Prof. Maurice Sureau | Tel. 04 93 01 36 40 | Bus 5 Edith Cavell | restocotesudcimiez.business.site | Cimiez | c2*

32 UTOPIA

Vegan essen ist in Nizza eine Herausforderung – noch ist die vegane Ernährung im Land des Käses nicht sehr verbreitet. Aber hier im Utopia wirst du vegan-italienisch verwöhnt mit Pizza, Pasta und Tiramisu. *Mo/Di und mittags geschl. | 6, Rue Delille | Tel. 07 53 30 11 45 | utopia-nice.com | Tramway 1, 2 Garibaldi | Neustadt | b8*

RESTAURANTS €

33 TYPE 55

Suchst du ein außergewöhnliches Pizzaerlebnis, zum Beispiel *pizza colérique* mit Sesam, Kartoffelcreme mit Estragon, Thunfisch-Tataki und gebratenem Lauch? Und das Ganze auf einem köstlichen, hefelosen Pizzateig aus, wie der Name schon verrät, Mehl Typ 55? Dann bist du hier richtig. Experimentell sind auch die Desserts: Wie wär's mal mit kandierter Artischocke? *So/Mo geschl. | 1, Rue de la Préfecture | Tel. 09 73 60 49 82 | @type.55.nice | Altstadt | b9*

34 LA VIEILLE CRÊPE

So eine Crêpe zwischendurch ist doch etwas Feines! Und genau das Richtige für einen schnellen, kleinen Lunch. Die Crêperie liegt an einem versteckten Altstadtplatz und die herzhaften Galettes und süßen Crêpes sind einfach nur köstlich. *So geschl. | 1, Place*

Vieille | Tel. 04 93 85 05 24 | lavieille crepe.com | Altstadt | b9

35 POKÉ LOV.

Poké ist auch in Nizza angekommen: Salate oder Burritos auf hawaiianische Art, bunt, frisch, lecker und auf Wunsch auch vegan. Fürs Hawaii-Feeling stehen die Tische in der kleinen Concept-Bar im Sand. Wenn du lieber echten Strand unter den Füßen haben willst – hier gibt es alles auch zum Mitnehmen. *Sa/So und abends geschl. | 10, Rue Alberti | kein Tel. | @poke.lov | Tramway 1 Masséna | Neustadt | a–b8*

36 LE COMPTOIR CENTRAL ÉLECTRIQUE

INSIDER-TIPP **Fingerfood statt Kabelbinder**

Früher gab es hier Glühbirnen und Steckdosen, heute ist der ehemalige Elektroladen ein angesagtes Bistro auf der belebten und beliebten Rue Bonaparte. Hier trifft man sich vom Kaffee am Morgen über Tapas und Fingerfood zum After Work oder einem kompletten Abendessen bis zum späten Absacker. *Mo–Sa 9–0.30, So 17–0.30 Uhr | 10, Rue Bonaparte | Tel. 06 23 80 55 61 | comptoircentral electrique.fr | Tramway 1, 2 Garibaldi | Hafenviertel | c8*

37 ACCHIARDO ★

Eine Institution in der Altstadt ist dieses Restaurant, in dem Familie Acchiardo seit Generationen typische Gerichte der Region auf die Tische bringt – und das so gut, dass der Laden mittags wie abends proppenvoll und die Stimmung super ist. Einen Platz gibt es nur mit Reservierung oder mit ganz großem Glück. *Sa/So geschl. | 38, Rue Droite | Tel. 04 93 85 51 16 | Altstadt | b9*

38 RESTAURANT DU GÉSU

Der schattige Altstadtplatz ist im Sommer ideal für eine Pause beim Bummeln. In dem einfachen, immer vollen Restaurant sind Pizza und Nizzaer Spezialitäten wie Gnocchi und Ravioli mit *pistou* (Kräutersauce) oder *daube* (Fleischragout) der Renner. *So geschl. | 2, Place Jésus | Tel. 04 93 62 26 46 | Altstadt | b9*

39 LES AMOUREUX

INSIDER-TIPP **Warum ist die Pizza rund?**

Ivan backt in seinem Steinofen die beste neapolitanische Pizza der Stadt. Er ist ein gelernter Pizzameister, vom Mehl bis zum Ofen stimmt hier alles. Zusammen mit Monica bewirtet er die Gäste in der kleinen Italien-Oase. Spezialität des Hauses ist eine Pizza in Herzform. Der Name verpflichtet eben. *So/Mo geschl. | 1, Rue Bavastro | kein Tel. | Facebook: Les-Amoureux-Nice | Tramway 2 Port Lympia | Hafenviertel | c–d8*

40 SALON DE THÉ ÎLE DE BEAUTÉ

INSIDER-TIPP **Low-Budget-Lunch**

Unschlagbar, wenn es um einen kleinen Lunch geht, bei dem Qualität und Preis stimmen. Den täglich wechselnden *plat du jour* gibt es für 10,90 Euro. Und dazu sitzt du unter den Arkaden direkt am Hafen. *So und abends geschl. | 7, Place de l'Île de Beauté | Tel. 04 93 56 00 52 | @salondethe.iledebeaute | Tramway 2 Port Lympia | Hafenviertel | c8*

SHOPPEN & STÖBERN

Von Armani bis Zitronenconfit – Nizzas Einkaufsstraßen sind für alle da: für Kunst- und Modefreaks, Dekofans und Gourmets. Die werden den Bummel über die Märkte und durch die Gassen lieben! Kleine Delikatessenläden sind an jeder Ecke zu finden mit feinen Olivenprodukten, Käse, Kräutern, Honig und Konfitüren aus den Früchten und Blüten der Region.

Der italienische Einfluss auf die *cuisine niçoise* zeigt sich auch in der großen Anzahl italienischer Läden: An den Wochenenden stehen die Einheimischen Schlange, um frische Pasta aller Art zu kaufen. Für

Die vielen Seifenläden in der Altstadt riechst du oft schon, bevor du sie siehst

Antikes und Kunst begib dich am besten in die Rue Catherine Ségurane und ihre Nebenstraßen. Und montags verwandelt sich der Cours Saleya in einen bunten Antik- und Trödelmarkt.
Nach der Alt- geht es in die Neustadt: Die bekannten Ketten findest du fast alle an der Avenue Jean Médecin. Die Rue Masséna ist mit ihren Geschäften und Cafés zum Bummeln bestens geeignet. Und da Nizza an der Côte d'Azur liegt, sind natürlich auch die Edelmarken der Modewelt vertreten: zu finden in den Straßen rund um die Rue Paradis.

WO NIZZA SHOPPT

Boulevard de Cimiez

Nice Ville

RUE JEAN MÉDECIN

Alle Ketten sind auf der Einkaufsmeile präsent

THIERS

Polygone Riviera

Boulevard Victor Hugo

VOR DEN TOREN DER STADT

Shoppingspaß ohne Ende: Cap 3000 und Polygone Riviera

Cap 3000

Lac (Rue Gioffredo) ★

Avenue de Verdun

Alziari ★

Quai des États-Unis

Promenade des Anglais

Baie des Anges

MARCO POLO HIGHLIGHTS

★ **ALZIARI**
Oliven, Olivenöl, Tapenade? Auf in Nizzas älteste Ölmühle! ➤ S. 71

★ **LAC**
Ein Stöberparadies für alle Schokofans ➤ S. 72

★ **GALERIE FERRERO**
Die älteste Galerie für zeitgenössische Kunst in Nizza ➤ S. 74

★ **BLUMENMARKT**
Blumen, Blumen, Blumen – und gleich nebenan Obst und Gemüse ➤ S. 77

ALTSTADTGASSEN & COURS SALEYA
Boutiquen, Souvenirs, Deko und ein Markt

UM DIE RUE CATHERINE SÉGURANE
Bummeln durch Antiquitätenläden und über den Flohmarkt

BÜCHER & SCHREIBWAREN

1 PAPETERIE RONTANI

Schon Königin Victoria deckte sich hier mit Lektüre ein. Viel hat sich seitdem auch nicht verändert: Das Parkett knarzt, es duftet nach Holz und Papier. Spezialisiert hat sich das Geschäft auf Kartografie und Zeichenbedarf sowie die traditionellen provenzalischen Krippenfiguren Santons de Provence. *So geschl. | 5, Rue Alexandre Mari | Altstadt | a9*

2 LIBRAIRIE MASSÉNA

Wenn du dich mit französischer Literatur eindecken, Koch-, Kunst- oder Kinderbücher erstehen möchtest, bist du in dieser gut sortierten Buchhandlung richtig. *So geschl. | 55, Rue Gioffredo | librairiemassena.com | Tramway 1 Masséna | Neustadt | a8–9*

3 CREUTZ ET FILS

Es gibt sie noch, die Orte, an denen Schreibkultur zelebriert wird. Das hier ist so einer: Seit 1896 Spezialist für edle Füller und Schreibutensilien aller Art. Eine alte hölzerne Ladeneinrichtung, Schubladen voller Federn und Tinte. Da bekommt man sofort Lust, mal wieder einen Brief zu schreiben. *So/Mo und mittags geschl. | 19, Rue Hôtel des Postes | creutz.fr | Tramway 1 Masséna | Neustadt | b8*

4 CAFÉ-LIBRAIRIE LES PARLEUSES

Ein Ort zum Wohlfühlen: Bücher, Papeterie, eine Tasse Kaffee mit Croissant oder Kuchen. Setz dich doch einfach mal in die Sonne und verbring den Tag genießend und lesend! *So/Mo geschl. | 18, Rue Defly/5, Place du Général Georges Marshall | Facebook: librairielesparleuses | Tramway 1, 2 Garibaldi | Neustadt | b7–8*

INSIDER-TIPP
Lesegenuss!

DEKO & LIFESTYLE

5 LA CASE DE COUSIN PAUL

Lichterketten und Lampen in allen Farben – der kleine Laden in der Altstadtgasse ist schon ein Hingucker. Noch mehr Spaß macht es, sich seine eigene Lampe zusammenzustellen. Die kugeligen Schirme sind aus einem Netz aus Baumwollfäden hergestellt. *Mo geschl. | 8, Rue du Pont Vieux | lacasedecousinpaul.fr | Altstadt | b9*

6 TRÉSORS PUBLICS

100 Prozent französisch – hier gibt es alles, was dich später an Frankreich erinnern wird, vom Rasierpinsel übers berühmte Opinel-Taschenmesser bis zum Flaschenöffner „de Gaulle". Alle Produkte sind auch in Frankreich hergestellt. *Tgl. | 11, Rue du Pont Vieux | tresorspublics.com | Altstadt | b9*

7 BAOBAB

Buntes Gemisch aus Wohnaccessoires von europäischen und afrikanischen Designern von Schalen und Körben über Bilderrahmen bis zu einer kleinen Auswahl an Klamotten. *So geschl. | 10, Rue du Marché | Altstadt | b9*

8 CABANE

Ein wundervoller kleiner Concept-Store! Vielleicht treffen Textilien, Taschen, Geschirr, Düfte und Kleidung auch deinen Geschmack. Natürlich und zeitlos, praktisch oder einfach nur schön. *Tgl. | 19, Rue de la Préfecture | Altstadt | b9*

9 LA MAISON DE NICE

„# I love Nice" ist zum Motto der Niçois geworden. Artikel mit dem beliebten Hashtag und viele andere Nizza-Artikel wie Tassen, T-Shirts, Brillenetuis, Stifte und Blöcke gibt es in dieser Nizza-Boutique. *Tgl. | 30, Av. Jean Médecin (Einkaufszentrum Nicetoile) | maisondenice.fr | Tramway 1, 2 Jean Médecin | Neustadt | a8*

INSIDER-TIPP
Es geht auch kitschfrei

DELIKATESSEN

10 ALZIARI ★

Mitten in der Altstadt liegt seit 1936 das Olivenparadies der Familie Alziari. Das Öl in der blau-gelb gemusterten Dose stammt aus der einzigen heute noch aktiven Ölmühle Nizzas. Oliven, Olivenöle, Tapenaden, aber auch Seife mit Olivenöl und noch vieles mehr! *So und mittags geschl. | 14, Rue Saint-François de Paule | alziari.com.fr | Altstadt | a9*

11 MAISON AUER

Seit fünf Generationen *der* Name, wenn es um Süßwaren à la niçoise geht. Kandierte Früchte, Schokolade, Kuchen, Calissons, glasierte Maronen, Konfitüren: Alles, was süß ist, wird in diesem an sich schon sehenswerten, im üppigen Florentiner Stil gehaltenen Laden verkauft. *So und mittags geschl. | 7, Rue Saint-François de Paule | maison-auer.com | Altstadt | b9*

Alziari: Neben vielen Olivensorten gibt es hier auch beste Öle aus dieser Frucht

12 À L'OLIVIER

Hier findest du alles rund um die Olive, von Olivenseife und -creme über Olivenschälchen für die Deko bis hin zu ausgefallenen Olivenölsorten in schönen Dosen – inklusive Degustation. *Mittags geschl. | 7, Rue Saint-François de Paule | alolivier.com | Altstadt | b9*

13 ANGÉA

Man liebt sie, die französischen Macarons. Die kleine Patisserie ist franzö-

INSIDER-TIPP
Kunterbunt und köstlich

sisch-entzückend, die hausgemachten Macarons sind köstlich. Die Himbeer-Maracuja-Macarons sind besonders fruchtig und fluffig! *Tgl. | 6, Rue de la Poissonnerie | Facebook: @angeanice | Altstadt | b9*

14 LAC ★

Welch eine Verführung, wenn man vor der Auslage dieser Chocolaterie steht! Schokolade, Macarons und Törtchen vom Feinsten, gefertigt von Maître Chocolatier Pascal Lac, der in die Riege der 20 besten Chocolatiers Frankreichs gehört. *Tgl. | 12, Rue de la Préfecture (Filialen: 18, Rue Barla | c8 und 49, Rue Gioffredo | a8) | patisseries-lac.com | Altstadt | b9*

15 LE FROMAGE

Alles Käse! Aber so hat man es ja auch gern in einem Käseladen. Lass doch einfach mal alle Restaurants links liegen und vergnüg dich mit Käse und Baguette! *Mo, So-Nachmittag und mittags geschl. | 25, Rue de la Préfecture | lefromage.fr | Altstadt | b9*

16 MAISON BRÉMOND 1830

In der traditionsreichen Maison Brémond in Nizzas Altstadt findest du alles, was nach Mittelmeer riecht und schmeckt. Öl und Essig, Salziges und Saures sowie Trüffelspezialitäten. Im Onlineshop kannst du dir alles auch nach Hause bestellen – falls du Entzugserscheinungen bekommst. *Tgl. | 15, Rue*

INSIDER-TIPP
Und nach der Reise?

Steckt voller Boutiquen und Bistros: das Einkaufszentrum Nicetoile *du Pont Vieux | maison-bremond.com | Altstadt | b9*

17 BONTÀ ITALIANE

Ein Stück Italien mitten in Nizza – Pasta, *formaggio,* Antipasti, Pesto, Gebäck. Bis unter die Decke steckt der Laden voller Köstlichkeiten und hinter der reich gefüllten Theke schauen zwei *signori* hervor, die mit italienischem Charme bedienen. *So-Nachmittag und Mo geschl. | 46, Blvd. Jean Jaurès | Altstadt | b9*

18 LE PALAIS DES THÉS

Das ist wahrhaftig ein Teepalast! Über 250 Teesorten aus 20 Ländern, darunter auch Tee aus biologischem Anbau, Teekonfitüre, Teebonbons und alles, was man zur Teezubereitung und zum stilvollen Teetrinken braucht. *So geschl. | 3, Rue de la Liberté | palaisdesthes.com | Tramway 1 Masséna | Neustadt | a8*

19 PATISSERIE SERAIN CAPPA

Die Pralinen und Kuchen in der traditionsreichen Patisserie des preisgekrönten Serge Serain sind hausgemacht. Im *salon de thé* nebenan oder unter den Arkaden der Place Garibaldi kannst du alles kosten, was die französische Patisserie von *éclairs au chocolat* bis zu *tartes aux citrons* zu bieten hat. *Mo geschl. | 7, Place Garibaldi | Tramway 1, 2 Garibaldi | Hafenviertel | c8*

20 CONFISERIE FLORIAN

Wer es süß mag – nur hereinspaziert! Mandarinen glitzern zuckersüß, Veilchenbonbons, kristallisierte Rosenblätter in Bonbontütchen, Orangenscheiben mit Schokoladenglasur. Besondere Spezialität: kandierte Clementinen *(clémentines confites). Mittags geschl. | 14, Quai Papacino | confiserieflorian.com | Tramway 2 Port Lympia | Hafenviertel | c9*

INSIDER-TIPP
Klein, orange, glänzend

EINKAUFSZENTREN

21 GALERIES LAFAYETTE

Das legendäre Kaufhaus, das 1893 in Paris eröffnet wurde, hat an der Place Masséna eine repräsentative Dépendance. Hier findest du wirklich alles, was dein Shopperherz begehrt – darunter auch die Halstücher, Taschen, Kissen und Postkarten zum Thema Nizza und Côte d'Azur von Véronique Mialhe *(frenchrivieragirls.com).* Aus ihrer Leidenschaft fürs Zeichnen und für Textilien hat sie wunderbare Hingucker und Modeaccessoires geschaffen – jedes Stück ein kleines Kunstwerk.

INSIDER-TIPP
Stadtplan zum Umbinden

Nach getaner Arbeit kannst du dich im *salon de thé* und Restaurant *Bella Bay* in der obersten Etage mit Blick auf die Place Masséna erholen. *Tgl. | 6, Av. Jean Médecin | galerieslafayette.com | Tramway 1 Masséna | Neustadt | a8*

22 NICETOILE

Auf der Avenue Jean Médecin reihen sich die allseits bekannten Modeketten aneinander. Versammelt unter einem Dach findest du sie in dieser Mall. *Tgl. | 30, Av. Jean Médecin | nicetoile.com | Tramway 1, 2 Jean Médecin | Neustadt | a8*

23 CAP 3000

Bei Regen oder unbändiger Shoppinglust bist du im Cap 3000 richtig. In rund 200 Geschäften und 30 Restaurants kannst du dir mühelos einen ganzen Tag lang die Zeit vertreiben. Die Mall liegt in der Nähe des Flughafens und ist zum Meer hin offen. Zum Luftholen gibts einen Snack auf der Terrasse mit Meerblick. *Tgl. | Av. Eugène Donadeï | cap3000.com | Bus 12 und weitere Centre Commercial CAP 3000 | Saint-Laurent-du-Var | D3*

24 POLYGONE RIVIERA

Shoppen satt auch im Urlaub – allerdings etwas außerhalb. Im Open-Air-Einkaufszentrum Polygone Riviera in Cagnes ist für alles gesorgt: Mode, Accessoires, Einrichtung, Multimedia und für zwischendurch reichlich Cafés und Restaurants – ein Treff für Teenies und Shoppingenthusiasten. Du kannst Bummeln und Kunst übrigens prächtig verbinden: Von hier ist es nicht weit zur *Fondation Maeght* (s. S. 50). *Tgl. | 119, Av. des Alpes | polygone-riviera.fr | Bus 9 ab Parc Phoenix | Cagnes-sur-Mer | C3*

KUNST

25 GALERIE FERRERO

Guillaume Aral kennt sich aus. In seiner Galerie präsentiert er neben den Stilrichtungen der Nizzaer Schule und des Neuen Realismus auch Werke großer Meister wie Marc Chagall, Salvador Dalí, Roy Lichtenstein oder Pablo Picasso und junge Künstler, die etwas draufhaben. Die Galerie Ferrero ist eine Institution in Nizza – ohne Eintritt! *Mo–Sa 14.30–18.30 Uhr | 17, Rue Droite | galerieferrero.com | Altstadt | b9*

26 GALERIE ARTNICE

Hast du dich auch in Nizzas blaue Stühle verliebt? Kein Problem – in der kleinen Altstadtgalerie gibt es nicht nur Kunstpostkarten und Lithografien, sondern ganze Metallskulpturen der blauen Stühle zum Hinstellen oder, besonders originell, ineinander verschachtelte Stühle als Kunstwerke für die Wand. *So geschl. | 2, Rue Droite | artnice.com | Altstadt | b8–9*

INSIDER-TIPP
Stühle zum Aufhängen

27 ATELIER FREGA

Im Atelier von Patrick Frega spürt man die Leidenschaft des Künstlers. Hier wird mit verschiedenen Materialien experimentiert; Bilder, Skulpturen, Objekte sind ausgestellt und mittendrin der Künstler, der mit seinen Werken seine Gedanken zu politischen und zeitgenössischen Themen ausdrückt. *So geschl. | 3, Rue Martin Seytour | patrick-frega.com | Tramway 1, 2 Garibaldi | Hafenviertel | c8*

MODE, SCHMUCK & ACCESSOIRES

28 LE PALAIS D'OSIER

Zum Bummel über den Markt fehlt dir noch das richtige Accessoire, ein Bastkorb zum Beispiel? Wer typische Marktkörbe und -taschen liebt, findet sie in dieser alten Korbflechterei. Echtes Handwerk zum Anschauen. *So geschl. | 3, Rue de la Préfecture | Altstadt | b9*

Ein „Dorf"-Bummel der etwas anderen Art: Shoppingcenter Polygone Riviera

29 PERRY DE LA ROSA

Perry Salou, Fan der 1970er-Jahre und des Rock 'n' Roll, kreiert in seinem Atelier Schmuck von schlicht bis rockig.

Doch auch das Schlichte trägt besondere Noten wie z.B. schwarze Diamanten. *So/Mo geschl. | 1, Rue Alphonse Karr | perrydelarosa.com | Tramway 1 Masséna | Neustadt | a8*

PARFUMS & KOSMETIK

30 COMPAGNIE DE PROVENCE

Die Seife der Compagnie de Provence kommt aus der Seifenmetropole Marseille. Die Geschichte der berühmten Seife aus Marseille geht bis ins 14.Jh. zurück – hier kommt sie allerdings als modern designtes Produkt daher. Darüber hinaus gibt es Shampoos, Duschgels & Co.: außen schicke Flaschen in bunten Farben, innen natürliche Inhaltsstoffe, lokale Produkte und manche sogar vegan. *Tgl. | 7, Rue Saint-François de Paule | compagniedeprovence.com | Altstadt | b9*

31 MOLINARD

Nicht weit von Nizza, 20 km nördlich von Cannes in Grasse, liegt das Mekka der guten Düfte. Seit 1849 werden dort bei Molinard – übrigens bis heute ein Familienbetrieb – Parfums kreiert, darunter das renommierte „Habanita". In der Nizzaer Dépendance kannst du dich mit Düften und allerlei weiteren

Die pralle Pracht provenzalischer Paprikaschoten: Wochenmarkt auf dem Cours Saleya

Körperpflegeprodukten eindecken. *So und mittags geschl.* | *20, Rue Saint-François de Paule* | *molinard.com* | *Altstadt* | *a9*

32 FRAGONARD

Fragonard ist *die* berühmte Parfümerie aus der Parfumhauptstadt Grasse. In stylishen Boutiquen bietet sie neben Körperpflegeprodukten auch Kleidung und Textilien, Dekorationsartikel und Reisesouvenirs in fröhlich sommerlichen Farben an. *So geschl.* | *11, Cours Saleya* | *fragonard.com* | *Altstadt* | *b9*

33 LA MAISON DES PLANTES

Stadtbekannter Kräuterladen: In den grünen Apothekerschubladen, eingerahmt von Jugendstilkeramiken, verstecken sich um die 550 aromatische getrocknete Wildpflanzen und Heilkräuter, dazu Extrakte und Öle aus ihnen. *Sa-Nachmittag und So geschl.* | *20, Rue Gubernatis* | *maisondesplantes.fr* | *Tramway 2 Durandy* | *Neustadt* | *b8*

WEIN

34 CAVES CAPRIOGLIO

Ein Paradies für Weinliebhaber und eine Institution seit 1910 – Weinregale bis unter die Decken. *Mo, So-Nachmittag und mittags geschl. | 16, Rue de la Préfecture | Altstadt | b9*

35 LE VIGNOBLE DE BELLET

In Saint-Roman de Bellet wenige Kilometer nördlich der Stadt befindest du dich im winzigen Weinanbaugebiet von Nizza. Die beiden Schlösser – das *Château de Bellet (chateaudebellet.com)* im Nizzaer Stil mit ockerfarbener Trompe-l'Œil- Fassade und das *Château de Crémat (chateaucremat.com)* mit seiner eindrucksvollen Architektur zwischen Mittelalter und Rokoko – sind schon von Weitem zu sehen. Über die außergewöhnlichen Weine von Bellet kannst du in den beiden Schlössern oder bei einer kostenpflichtigen Degustation in einem der Weingüter *(Besichtigung und Verkostung n.V. | domainedetoasc.com, domainedelasource.eu)* mehr erfahren. *D2*

WOCHENMÄRKTE

36 COURS SALEYA

Auf dem Cours Saleya finden die ganze Woche über verschiedene Märkte statt: Der berühmte ★ *Blumenmarkt (Di–Sa 6–17, So 6–13.30 Uhr)* ist ein Fest der Farben. Von einem der umliegenden Cafés aus kannst du das bunte Treiben in aller Ruhe beobachten. Der Blumenmarkt geht über in den *Obst- und Gemüsemarkt (Di–So 6–13.30 Uhr)*, auf dem sich frische Produkte ebenso wie provenzalische Spezialitäten finden. Einmal in der Woche treffen sich die Händler, um ihre Stücke auf dem *Antik- und Trödelmarkt (Mo 8–17.30 Uhr)* anzupreisen. Und im Sommer *(Mitte Mai–Mitte Sept. Di–So 18–0.30 Uhr)* ist das Markttreiben abends noch lange nicht nicht vorbei: Auf dem *Marché Nocturne* findest du Kunsthandwerk in allen Farben und Formen. *Altstadt | b9*

INSIDER-TIPP
Markt im Mondschein

37 PLACE DU PALAIS

Nur wenige Schritte vom Cours Saleya entfernt liegt die Place du Palais, die sich samstags in einen *Büchermarkt (Sommer 7–19, Winter 7–17 Uhr)* verwandelt. Für Liebhaber alter Bücher eine echte Fundgrube. *Altstadt | b9*

38 PLACE SAINT-FRANÇOIS

Auf dem versteckten kleinen Altstadtplatz findet der morgendliche *Fischmarkt (Di–So 6–13 Uhr)* statt. Rund um den Delphinbrunnen verkaufen die Fischer frisch gefangenen Fisch und Meeresfrüchte. *Altstadt | b8*

39 PLACE DU GÉNÉRAL DE GAULLE

Auf dem *Marché de la Libération* findest du ein Markttreiben abseits vom touristischen Rummel. Auf dem Platz gibt es frisches Gemüse und Obst, in einer kleinen Markthalle Käse, Fisch und Fleisch. Und im ⚑ *Socca Tram (6, Av. Alfred Borriglione)* bekommst du den nizzatypischen Fladen aus Kichererbsenmehl. *Di–So 6–12.30 Uhr | Tramway 1 Libération | Libération | b3*

AUSGEHEN & FEIERN

Wenn die Liegen an den Stadtstränden aufgestapelt werden, die Geschäfte ihre Türen schließen, die Bars zum Aperitif verlocken und die Restaurants öffnen, beginnt das Nachtleben von Nizza. Bars, Clubs, Jazzkneipen – die Côte- d'Azur-Metropole und Studentenstadt hat von alternativ bis vornehm alles im Programm.

Und natürlich kommt auch die Kultur nicht zu kurz. Die Oper lockt mit Prunk, Samt und hochkarätigen Vorstellungen; aber auch kleine, versteckte Kellertheater sorgen mit Kleinkunst und Chansons für ei-

Schicke Cocktails (und entsprechende Preise): Nizza liegt unverkennbar an der Côte d'Azur

nen gelungenen Abend. Und danach schläft die Stadt noch lange nicht – ein Snack unter freiem Himmel, ein Cocktail in einer Bar oder ab in einen der Clubs, in denen es meist erst am späten Abend richtig losgeht.

Mitte Mai beginnt die Sommersaison: Ab jetzt spielt sich wie in den meisten südlichen Ländern das Leben fast ausschließlich draußen ab, auch nachts. Hunderte von Open-Air-Konzerten und -Theaterstücken sowie Feuerwerke der Superlative stehen nun auf dem Eventkalender.

WO NIZZA AUSGEHT

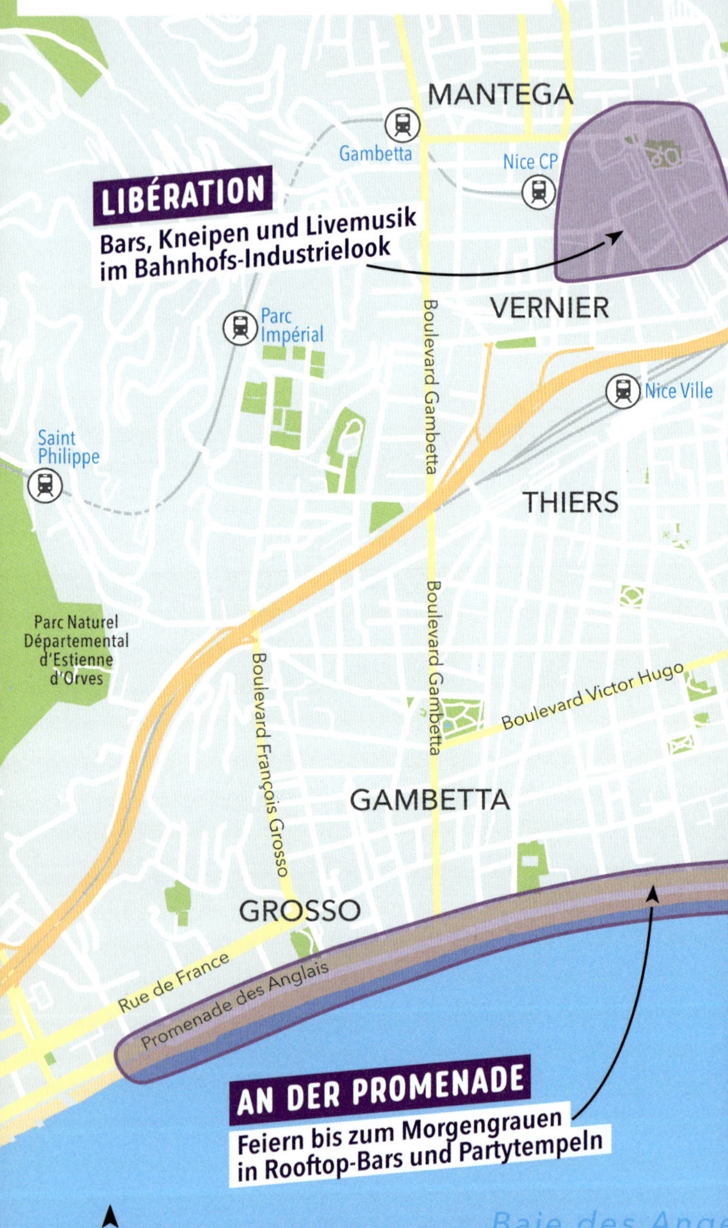

MARCO POLO HIGHLIGHTS

★ LE SHAPKO
Hier ist auf Livemusik Verlass. Außerdem: jede Nacht ab 1 Uhr Jamsession ➤ S. 85

★ WAKA BAR
Ein Muss: Sundowner mit Meerblick ➤ S. 82

★ LES DISTILLERIES IDÉALES
Alteingesessene Kneipe – ursprünglich und gut ➤ S. 86

★ WAYNE'S
Irish Pubs gibt es in Nizza einige – dieser hier ist der beste ➤ S. 86

BARS

1 BERCO

Das Motto des Hauses lautet „Weil keine schöne Geschichte mit einem Glas Orangensaft beginnt" – und so solltest du bei einer Apéro-Tour durch die Altstadt auf ein Gläschen Wein in dieser Weinbar auf keinen Fall verzichten. Da es mit Käse oder Schinken von lokalen Erzeugern gleich noch besser schmeckt, gibt es bei Nicolas Bercovici auch eine kleine Auswahl an Tapas. *So/Mo geschl. | 1, Rue du Pontin | berco-nice.com | Altstadt | b9*

2 FARAGO ON THE ROOF

Kann Sommer schön sein! Hoch oben bietet die Rooftop-Bar des Marriott-Hotels Cocktails, Tapas, Chill-out-Atmosphäre und natürlich den umwerfenden 360-Grad-Blick auf Meer, Stadt und Berge. Frisch und farbig gestylt wurde die Bar von Street-Art-Künstler Brian Caddy. *Tgl. im Sommer | 59, Promenade des Anglais | faragoontheroof.com | Tramway 2 Centre Universitaire Méditerranéen | Neustadt | a5*

3 LES FOLIES D'EDMONDE

Eine der besten Cocktailadressen der Stadt. Du hast die Wahl zwischen der Bar mit ihrem schlichten Ambiente und Vintagemöbeln und dem Gewölbekeller mit seinen gemütlichen Sofas und Steinmauern. *Mo geschl. | 16, Rue Benoît Bunico | @lesfoliesdedmonde | Altstadt | b9*

4 WAKA BAR ★

„Waka" bedeutet in der Sprache der Maori „Boot". Das ist passend, denn wenn du in der angesagten Bar den Blick über die Promenade in die Ferne schweifen lässt, siehst du das Meer. Morgens kann man hier frühstücken, besonders schön ist aber ein Drink in der Abendsonne. Und noch ein bisschen später wird gefeiert und getanzt – ohne Eintritt. *Tgl. | 57, Quai des États-Unis | @waka_bar | Altstadt | b9*

INSIDER-TIPP
Frühstücks-croissant oder Sundowner?

5 MOVIDA

Einen frischen Cocktail, leckere Tapas und Meerblick – mehr braucht es manchmal nicht. Auf dem schmalen Balkon des Movida bekommst du genau das. Die Bar liegt direkt an der Promenade in einem der alten Fischerhäuser. Ein bisschen Glück braucht man, um zum Sonnenuntergang einen Platz zu bekommen – denn wer es geschafft hat, geht so schnell nicht wieder. *Tgl. | 41, Quai des États Unis | movida.today | Altstadt | b9*

6 LA CAVE DU COURS

Wein in allen Preislagen – und für alle gilt: Schinken und Käse gibts dazu. In der Weinbar in der dunklen Parallelgasse zum Cours Saleya ist immer was los, ob drinnen zwischen den gelagerten Weinflaschen oder draußen an den kleinen Tischen auf der Straße. *So–Mi geschl. | 24, Rue Barillerie | @la_cave_du_cours_nice | Altstadt | b9*

7 PANEOLIO

Hier wird die italienische *aperitivo*-Kultur zelebriert: Bestellst du zwischen

18 und 19.30 Uhr einen Cocktail, steht dir das Aperitifbuffet mit kleinen Häppchen offen. Deshalb ist um diese Zeit immer viel los und gute Stimmung in dem Restaurant nahe der Place Garibaldi. Eine Reservierung ist daher zu empfehlen. *Tgl. | 6, Blvd. Jean Jaurès | Tel. 09 82 57 50 66 | paneolio.fr | Altstadt | b8*

8 L'OCTAVE

Mit einem umfangreichen Musikprogramm ist diese Bar 2019 an den Start gegangen. Seitdem ist hier bei Musik, Cocktails und Tapas gute Stimmung. Donnerstags gibts Karaoke, freitags und samstags Livemusik. *So–Mi geschl. | 64, Blvd. Risso | loctave-nice.fr | Tramway 1, 2 Garibaldi | Neustadt | c8*

9 LA PÊCHE À LA VIGNE

Lust auf eine kleine Weinreise? Léo sucht mit Leidenschaft bei französischen, italienischen und slowenischen Winzern die naturbelassenen Weine für die Gäste seiner kleinen Bistro-Bar aus. Familiäres Ambiente zum Wohlfühlen. *Mo/Di geschl. | 13, Rue Cassini | @lapechealavigne | Tramway 2 Port Lympia | Hafenviertel | c8*

Das ist das Schöne an Nizza: Man kann bis in die Nacht in Bars entspannt draußen sitzen

10 POSTO 17

Zur Aperitifzeit musst du schnell sein, wenn du einen der Tische vorm Posto 17 auf der kleinen Place du Pin ergattern möchtest! Die Belohnung: ein Glas Wein, Bruschetta und eine Platte mit Käse und Schinken. *So geschl. | 17, Rue Bonaparte | posto-17-nice.fr | Tramway 1, 2 Garibaldi | Hafenviertel | c8*

Am Saxofon: Dimitri Shapko, Besitzer der gleichnamigen Bar und begeisterter Jazzer

11 PESKA BY LA TERRASSE

Apéro mit Blick: Auf dem Dach des Hotels Méridien kannst du den Sonnenuntergang mit Panoramablick über die Bucht auf die schönste Weise genießen. Wenn du dich nicht von dem Anblick trennen kannst, bleibst du gleich zum Abendessen sitzen. *Tgl. | 1, Promenade des Anglais | laterrasse-nice.com | Bus 8, 12 Congrès/Promenade | Neustadt | a9*

CASINO & SHOW

12 CASINO BARRIÈRE LE RUHL

Im berühmten Casino von Nizza stehen nicht nur Spieltische. Die *Golden Bar* und das mediterrane *Golden Restaurant* übernehmen die kulinarische Versorgung vor, während oder nach dem Spielvergnügen. Clubatmosphäre bietet der *Golden Club. Spieltische tgl. 14.30–4 Uhr | 1, Promenade des Anglais | casinosbarriere.com | Bus 8, 12 Congrès/Promenade | Neustadt | a9*

13 CASINO PALAIS DE LA MÉDITERRANÉE

Neben Restaurant und Brasserie verfügt der Palais de la Méditerranée über ein großes Casino mit Spielautomaten und allen traditionellen Spielen sowie einen Saal für Varietévorstellungen. *Tgl. 10–3, Fr/Sa bis 4 Uhr | 5, Promenade des Anglais | casinomediterranee.com | Bus 8,12 Congrès/Promenade | Neustadt | b5*

CLUBS

14 HIGH CLUB

In drei Clubs wird gefeiert bis zum Abwinken: *High Club* – stylish, jung; jeden Freitag sorgen nationale und internationale DJs für lange Schlangen am Eingang. *Studio 47* – schicker, feiner, für alle ab 25. Hier tauchen auch schon mal Stars wie Jean Dujardin auf. *Sk'High* – Gay-Club. Für den nächtlichen Hunger stehen Sushi und Panini bereit, ab 3 Uhr werden Kaffee und Croissants für ein frühes Frühstück gereicht. Und als Andenken an eine gelungene Partynacht kannst du in der Clubboutique T-Shirts erwerben und damit zu Hause angeben ... *Do–Sa 23.45–5.30 Uhr | 45, Promenade des Anglais | highclub.fr | Bus 8, 12 Gambetta/Promenade | Neustadt | a5*

15 NUITS BLANCHES

Der Club für alle ab 25 im Hafen. Hier geht es bei Partystimmung ausgelassen und elegant zu. *Do–Sa 23.45–5 Uhr | 20, Quai Lunel | nuitsblanches club.com | Tramway 2 Port Lympia | Hafenviertel | c9*

JAZZ

16 LE SHAPKO ★

Hier treffen sich Jazz-, Soul- und Funkliebhaber zu einem schönen Abend bei Kerzenlicht und Livemusik in Bistroatmosphäre. Je später der Abend, umso besser die Stimmung: Von 22.30 bis 2.30 Uhr wird live gespielt und ab 1 Uhr startet die Jamsession – und alles ganz umsonst! *Tgl. 19–4.30 Uhr | 5, Rue Rossetti | shapkobar.com | Altstadt | b9*

17 CAVE ROMAGNAN

Eine der ältesten Weinkneipen Nizzas, wechselnde Ausstellungen lokaler Künstler – und das Beste: jeden Samstag von 19 bis 21 Uhr Apéro-Jazz mit den besten Formationen der Region! *Mo–Fr 9.30–14 und 16.30–21, Sa 10.30–14 und 17–22 Uhr | 22, Rue d'Angleterre | caveromagnan.free.fr | Tramway 1, 2 Jean Médecin | Neustadt | b4*

KINO

18 BELMONDO

50 Filme pro Woche in Originalversion zeigt dieses Programmkino unter den Arkaden der Place Garibaldi. *16, Place Garibaldi | cinemabelmondo.departement06.fr | Tramway 1, 2 Garibaldi | Hafenviertel | c8*

19 LE RIALTO

Filme in Originalversion gibt es auch in diesem Kino zu sehen. Unter *Facebook: Idinice* steht das aktuelle Programm. *4, Rue de Rivoli | cinemarialto.fr | Tramway 2 Alsace-Lorraine | Neustadt | b5*

PUBS & KNEIPEN

20 MA NOLAN'S

Irish Pub mit französischen und internationalen Gästen, großer Terrasse, lockerer Atmosphäre und Livemusik. Zu essen gibts auch, vom French Toast bis zum Sirloin Steak. Happy Hour ist jeden Abend von 17 bis 19 Uhr. Und donnerstags gibts ein Pubquiz auf Englisch und Deutsch! *Mo–Fr 12–2, Sa/So 11–2 Uhr | 2, Rue Saint-François de Paule (Filiale: 5, Quai des Deux Emmanuel | d9) | ma-nolans.com | Altstadt | b9*

INSIDER-TIPP
Wer weiß denn so was?

21 WAYNE'S ★
Das junge Nizza trifft auf ein junges internationales Publikum. Hier ist immer was los – vom ersten Bier und Burgern und Chicken Wings, um den Abend zu starten, bis hin zu ausgelassenen Partys. *Tgl. 12–2 Uhr | 15, Rue de la Préfecture | waynesbar-restaurant.com | Altstadt | b9*

22 O'MORENA

Studenten, aufgepasst: Hier gibt es durchgängig Studentenpreise auf Getränke und Speisen. Und die sind dazu noch richtig gut. Spezialitäten sind Tapas und Burger. Die allgemeine Happy Hour gilt täglich von 17 bis 20 Uhr. *Mi–So 11.30–14.30 und 19–23, Di 11.30–14.30 Uhr | 4, Rue du Pontin | omorena.com | Altstadt | b9*

23 LES DISTILLERIES IDÉALES ★
Rustikale Kneipenstimmung in einer alten Destillerie – eine Institution in Nizza. Zwölf verschiedene Biere *à la pression,* also frisch vom Fass, warten hier auf dich. Schon am Nachmittag treffen sich hier die Einheimischen auf einen Aperitif – im urigen Inneren oder an einem der Tische an der belebten Altstadtgasse. *Tgl. 9–24 Uhr | 24, Rue de la Préfecture | Facebook: ldinice | Altstadt | b9*

24 BEER DISTRICT
16 Fassbiere, 50 Flaschenbiere und gute Stimmung erwarten dich in dieser Bierkneipe im angesagten Studentenviertel Libération. *Tgl. | 1, Place Philippe Randon | @beer_district_liberation | Tramway 1 Libération | Libération | b3*

THEATER, OPER, KONZERT

25 OPÉRA DE NICE
Opern, Ballett, Konzerte, musikalische Matinées – ein Blick ins Programm lohnt. Wenn du vor der Oper stehst, wirst du dich wundern: Nizzas Opernhaus sieht so gar nicht nach Oper aus. Innen erwartet dich jedoch ein zwar kleiner, aber rot besamteter Saal mit Lüstern und Balkons. Sonntags um 11 Uhr steht oft ein *Concert en Famille* auf dem Programm. Besonders schön sind die After-Work-Veranstal-

INSIDER-TIPP **Oper on Tour**

Pomp und Samt in Rot und Gold samt Ehrenloge: Nizzas Oper ist auch optisch ein Genuss

tungen um 19 Uhr an wechselnden Orten – und sie lassen sich perfekt mit einem anschließenden Abendessen kombinieren. *4–6, Rue Saint-François de Paule | Tel. 04 92 17 40 79 | opera-nice.org | Altstadt | b9*

26 THÉÂTRE DE L'IMPASSE

Hier muss man schon ein bisschen suchen, bis man den versteckten Eingang gefunden hat. Hat man ihn dann, verbirgt sich dahinter ein kleines Kellertheater mit einem bunten Programm an Chanson, Comedy, Musik und Tanz. Kleinkunst, die Spaß macht! *4, Ruelle Saint André | Tel. 04 93 16 17 51 | theatre-impasse.fr | Altstadt | b8*

27 THÉÂTRE NATIONAL DE NICE

Das Nationaltheater von Nizza, kurz TNN, eignet sich bestens, um Kultur an der Côte zu genießen: Neben Theaterproduktionen hat es auch zeitgenössischen Tanz und Konzerte im Programm. *Promenade des Arts | Tel. 04 93 13 90 90 | tnn.fr | Altstadt | b8*

28 PALAIS NIKAÏA

Nationale und internationale Künstler und Ensembles treten im größten Veranstaltungszentrum Nizzas auf. Neben Konzerten stehen Shows, Ballett und andere Großveranstaltungen auf der Agenda. *163, Blvd. du Mercantour | nikaia.fr | Tramway 2 CADAM Centre Administratif | Iscles des Moulins | D3*

AKTIV & ENTSPANNT

Schirm-Herrschaft: Strand an der Promenade des Anglais

SPORT, SPASS & WELLNESS

Laufen, radeln, Wassersport, von soft bis tough – du hast die Wahl! Im Licht der ersten Sonnenstrahlen machen sich viele Nizzaer auf der Promenade des Anglais fit für den Tag – und wer mag, hüpft anschließend noch ins Meer.

KLETTERN

Wo die Seealpen in der Nähe sind, sind auch tolle Kletterspots nicht weit. Ganz in der Nähe liegt der von *La Turbie*. Von den Kletterfelsen der 550 m hohen *Tête de Chien (🕮 F2)* hat man einen spektakulären Blick auf Monaco und die Küste.

Zum Indoorklettern gibt es den etwa eine Autostunde nördlich gelegenen *Vésùbia Mountain Park (gestaffelte Zeiten und Preise s. Website | Allée du Docteur Fulconis | vesubia-mountain-park.fr | Bus 90 ab Grand Arénas)* in *Saint-Martin-Vésubie (🕮 0)* mit schier unbegrenzten Klettermöglichkeiten.

MARATHON

Der Andrang ist groß, wenn in und um Nizza die Marathonläufer an den Start gehen. Am berühmtesten ist der *Marathon des Alpes-Maritimes (marathon06.com)* im November von Nizza nach Cannes. In Antibes heißt es im Oktober *Courir pour une Fleur (antibes-juanlespins.com)*. Der Halbmarathon führt von Juan-les-Pins aus einmal ums Cap d'Antibes und zurück. In Monaco kannst du im Februar an den Start gehen. Beim *Monaco Run (monacorun.mc)* kannst du zwischen Läufen von 5 bis 12 km wählen.

RADFAHREN

INSIDER-TIPP **Ein blaues Wunder erleben**

Perfekt für Radler ist die in den letzten Jahren um eine Fahrradspur erweiterte Strecke vom Hafen bis nach Cagnes-sur-Mer. 15 km am Meer entlang radeln – gehts schöner?

Himmel, Meer, Stühle, alles blau: Ehrensache, dass auch Nizzas Leihräder in Azur daherkommen

Nimm dir eines der blauen Fahrräder von *Vélobleu* (s. S. 145), die überall an der Promenade zum Verleih angeboten werden. *Nice Cycle Tours* (s. S. 149) bietet verschiedene geführte Fahrradtouren an und verleiht außerdem Fahrräder aller Größen sowie E-Bikes.

TAUCHEN

Taucher finden von Nizza bis Cap Ferrat über 30 Tauchspots in sechs Tauchgebieten. Die Boote verschiedener Anbieter starten im Hafen von Nizza, z. B. *Centre International Plongée (cipnice.com)* oder *Le Poseidon (poseidonnice.com)*.

WASSERSPORT

Wasserski, Wake- und Flyboard, Fly Fish, Parasailing, Tubes – für den Kick auf dem Wasser steht in den Sommermonaten am Strand an der Promenade des Anglais alles bereit. Anbieter sind *Nikaïa Water Sport (Plage Beau Rivage gegenüber Jardin Albert 1er | nikaiaglisse.com | 🕮 c5)* und *Glisse Evasion (29, Promenade des Anglais gegenüber Hôtel Negresco | glisse-evasion.com | 🕮 a9)*.

Die Kajakvereine in Nizza vermieten ihre Boote und organisieren begleitete Touren: *Kayak Evasion (kayak-evasion.fr)* bietet Ausflüge von Cannes bis Saint-Jean-Cap-Ferrat an, der *Club de la Mer (kayaknice.com)* hat u. a. geführte Touren zu Fauna und Flora mit Badestopp im Programm.

WELLNESS

Für einen Verwöhntag mit Massage, Hammam, Pool und Sauna wartet das *Deep Nature Spa (Hôtel Boscolo | 12, Blvd. Victor Hugo | Tel. 04 93 80 40 27 | boscolocollection.com | Tramway 1, 2 Jean Médecin | Neustadt | 🕮 b4)* auf dich. Das Ambiente: futuristisch und außergewöhnlich, mit weißen, fließend runden Formen im großen Spabereich.

FESTE & EVENTS

JANUAR

Festival International du Cirque de Monte Carlo: das renommierteste Zirkusfestival der Welt mit Artisten, Clowns und Dompteuren – natürlich nur den besten – ist gewissermaßen die Weltmeisterschaft der Artisten. Anfang Februar schließt sich das Festival **New Generation** für junge Artisten an. *montecarlofestival.mc*

FEBRUAR

Carnaval de Nice: Umzüge und Blumenkorsos, Konzerte und Straßentheater – Abertausende von Blüten verwandeln die Promenade in ein Blumenmeer. *nicecarnaval.com*

MÄRZ

Festin des Cougourdons: Kürbisse in den bizarrsten Formen schmücken die Gärten von Cimiez, wenn die Nizzaer Ende März den Frühling willkommen heißen.

APRIL

Semi-Marathon International de Nice: ein Riesenfest rund ums Laufen mit über 8000 Teilnehmern. Beim 2 km langen Family- oder Teens-Run können auch Kinder an den Start gehen. *nicesemimarathon.com*

MAI

Festival de Cannes: die Welt des Films in Cannes. Für Nichtpromis gibt es das Filmprogramm der **Quinzaine des Réalisateurs** *(quinzaine-realisateurs.com). festival-cannes.com*

Grand-Prix de Monaco: Der Asphalt bebt beim spektakulären Formel-1-Rennen – das einzige Formel-1-Autorennen, das mitten in einer Stadt ausgetragen wird. *monaco-grand-prix.com*

MAI/JUNI

Les Voiles d'Antibes: Auf ins Mekka der Luxusyachten – Party im Hafen

Bis in die Nacht wird beim Carnaval de Nice mit Umzügen und Paraden gefeiert

und weiße Segel in der Bucht. *voilesdantibes.com*

JUNI

Fête de la Musique: Der 21. Juni ist in ganz Frankreich „Tag der Musik“, überall in den Innenstädten wird gesungen, getanzt und musiziert.

Fête de la Saint-Pierre: Die Fischer Nizzas ehren das Meer. Traditionelles Fest am Monatsende im Hafen.

JULI/AUGUST

Jazz à Juan: Jazz, Meer und Pinien in Juan-les-Pins – eine phantastische Kombination! *jazzajuan.com*

Nice Jazz Festival: laue Sommerabende unter Palmen, dazu Musik vom Feinsten im Jardin Albert 1er. *nicejazzfestival.fr*

Festival d'Art Pyrotechnique de Cannes: einzigartiges Feuerwerksspektakel in der Bucht von Cannes: sechs Länder – sechs Abende Feuerwerk, dazu ein Picknick am Strand. *festival-pyrotechnique-cannes.com*

SEPTEMBER

Monaco Yacht Show: Die größten und teuersten Yachten laufen in den Hafen ein. *monacoyachtshow.com*

OKTOBER

Die **FIA-Formel-E-Meisterschaft** macht Station in Monaco. *acm.mc*

NOVEMBER

Marathon des Alpes-Maritimes: Die ca. 10 000 Teilnehmer laufen an der Küste entlang von Nizza nach Cannes. *marathon06.com*

DEZEMBER

Village de Noël: Auf Nizzas Promenade du Paillon findet bis in den Januar hinein der Weihnachtsmarkt statt. Auch in Antibes, Cannes und Monaco gibt es dann Weihnachtsmärkte.

SCHÖNER SCHLAFEN

1 A STATT 08/15

Kein Zimmer gleicht dem anderen hinter der Belle-Époque-Fassade des Hotels *Villa Rivoli (24 Zi. | 10, Rue de Rivoli | Tel. 04 93 88 80 25 | villa-rivoli.com | €€ | Tramway 2 Alsace-Lorraine | Neustadt | ▯ b5)*. Du merkst es sofort: Hier kümmert man sich um jedes Detail – von den Tapeten über die farbigen Fliesen und restaurierten Möbelstücke bis hin zu den handgemachten Eierwärmern auf dem Frühstücksbuffet. Und zum Meer ist es nur ein Katzensprung: Kaum mehr als 100 m trennen dich und deinen Frühstücksteller von der Promenade. Das hat doch was!

WIE ZU HAUSE

Lieber ein Appartement und einfach mal mitgebrachten Käse mit Baguette essen? Dafür gibt es das *Nice'Appart (6 Appartements | 55, Rue de la Buffa | Tel. 04 93 88 15 04 | nice-appart.com | €–€€ | Tramway 2 Alsace-Lorraine | Neustadt | ▯ b5)*. Den Hotelservice kann, wer mag, in der Villa Rivoli (s. oben) hinzubuchen. In der Nebensaison gute Sonderangebote!

INSIDER-TIPP
Appartemen mit Frühstücksei

UNTER KUNST TRÄUMEN

Dieses Hotel mit tropischem Garten, Spa und Schwimmbad ist vor allem etwas für Liebhaber zeitgenössischer Kunst. Die *chambres d'artistes* des *Hôtel Windsor (57 Zi. | 11, Rue Dalpozzo | Tel. 04 93 88 59 35 | hotelwindsornice.com | €€€ | Tramway 2 Alsace-Lorraine | Neustadt | ▯ b5)* sind Werke bekannter Künstler: Claudio Parmiggiani und sein goldenes Zimmer, in dessen Mitte das Bett schwebt; Ben, der die Geschichte eines Zimmers im wörtlichen Sinn neu geschrieben hat. Außerdem gibt es „Freskenzimmer" und *chambres hommage* – eines z. B.

Stärkung für den Besichtigungsmarathon: Frühstück im Garten des Hôtel Windsor

ehrt Coco Chanel. Erfrischend originell!

BLICK INS GRÜNE GEFÄLLIG?

Für manche das schönste Hotel Nizzas. Warum? Weil die *Villa Victoria (38 Zi. | 33, Blvd. Victor Hugo | Tel. 04 93 88 39 60 | villa-victoria.com | €€€ | Tramway 1, 2 Jean Médecin | Neustadt | b5)* einen herrlichen Garten hat und es der perfekte Ort zum Wohlfühlen ist – in einer alten Villa am Prachtboulevard Victor Hugo. Wenn du den Garten auch von deinem Zimmer aus genießen möchtest, reservier unbedingt ein Zimmer *côté jardin!*

MITTENDRIN SEIN

Zentraler geht es kaum: Aufstehen, Fenster auf und die Place Masséna direkt vor der Nase! Reservier dir also unbedingt ein Zimmer mit Blick auf den Platz und die Fontaine du Soleil. Das *Hôtel de la Mer (12 Zi. | 4, Place Masséna | Tel. 04 93 92 09 10 | hoteldelamernice.com | €€ | Tramway 1 Masséna | Neustadt | a9)* liegt in der ersten Etage eines historischen Gebäudes und ist in den letzten Jahren komplett renoviert und umgestaltet worden.

IM SCHATTEN DER SCHUTZPATRONIN

Wenn schon, denn schon und mitten rein ins Geschehen! Das kleine *Hôtel Rossetti (7 Zi. | 1, Rue Sainte Réparate | Tel. 04 97 08 13 97 | hotelrossetti.fr | €€ | Altstadt | b9)* liegt versteckt zwischen den verwinkelten, alten Gemäuern direkt neben der Kathedrale Sainte-Réparate und der Place Rossetti. Ganz und gar nicht alt sind die Zimmer: modern, schlicht, schön. Morgens vom Glockengeläut geweckt werden und dann im Schatten der Türme das Frühstück im Innenhof genießen – das ist doch ein ziemlich perfekter Start in den Tag.

ERLEBNIS TOUREN

Lust, die einzigartigen Facetten der Stadt zu entdecken? Dann sind die Erlebnistouren genau das Richtige für dich! Ganz einfach wird es mit der MARCO POLO Touren-App: Die Tour über den QR-Code aufs Smartphone laden – und auch offline die perfekte Orientierung haben.

Erfrischung von unten: die Promenade du Paillon mit ihren Wasserspielen

Einfach QR-Code scannen und alle Karten & Infos zu unseren Touren auch unterwegs parat haben!

go.marcopolo.de/niz

DIE ERLEBNISTOUREN IM ÜBERBLICK

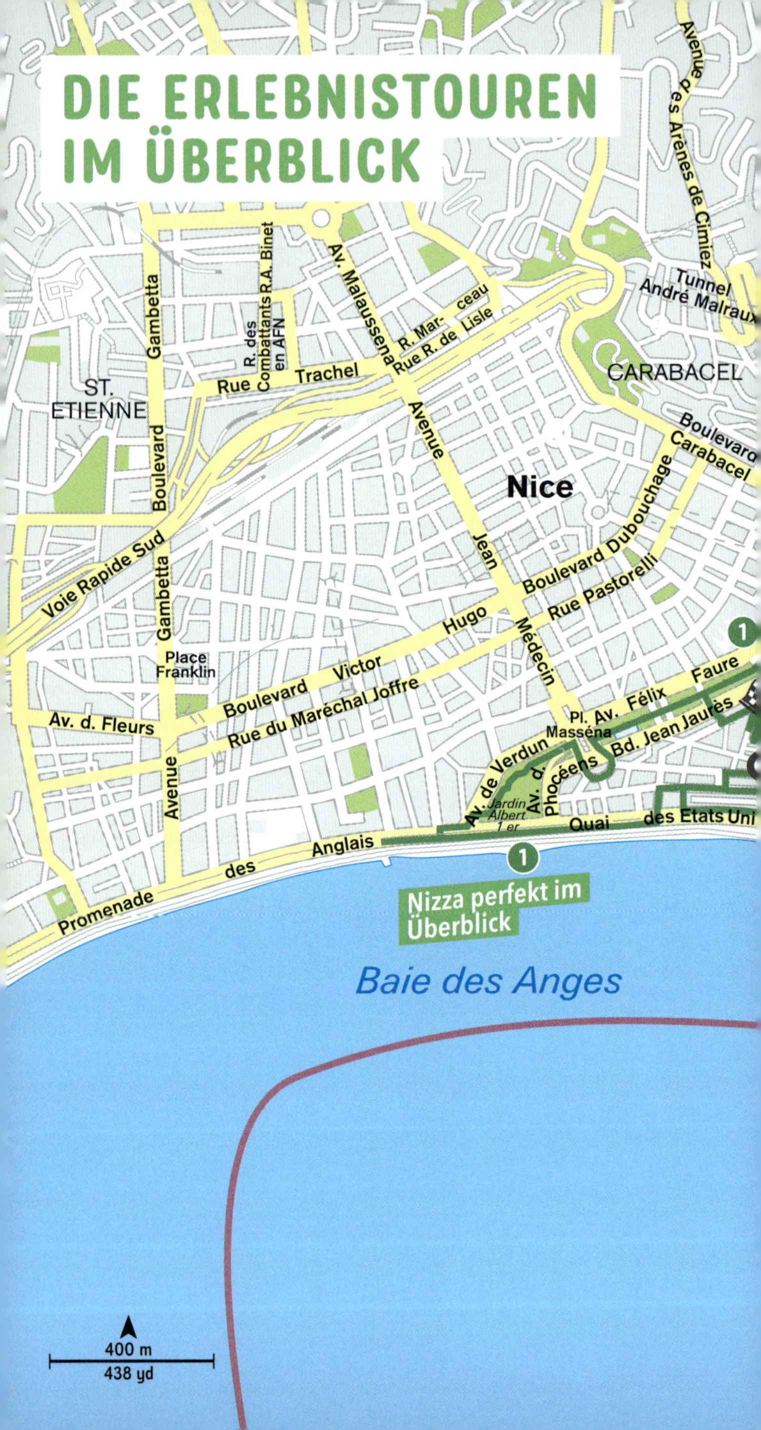

Bd. Maréchal Lyautey
Av. Baptiste Vérany
Route de Turin
Bd. V. Bare
Bd. St - Roch
Boulevard Bischoffsheim
R.J. Allègre
Trav. J. Monnet
Av. des Diables Bleus
Bd. Pierre Sola
Bd. de l'Armée des Alpes
Avenue Gallieni
Bd. Risso
Bd. Gén. L. Delfino
Bd. de Riquier
Corniche André de Joly
Rue Barla
Pl. Barel
Rue Cassini
Pl. de l'Île de Beauté
Bd. L. Walesa
LE CHATEAU
Q. Lunel
Q. Papacino
Quai des Docks
Bd. Stalingrad
Boulevard Carnot
Bassin des Amiraux
Boulevard Franck Pilatte
Parc Vigier
Bd. Carnot
Bassin de Commerce
Club Nautique
Av. Jean Lorrain
Bd. Maurice Maeterlinck
L'Île Rousse, Bastia, Calvi, Ajaccio
D6007
Beaulieu-sur-Mer
Saint-Jean-Cap-Ferrat
Cap Ferrat
2 km
1.24 mi
3 Rund um die Colline du Château
2 Hundert Prozent Meer
4 Cap Ferrat: Gärten und Küstenwege

❶ NIZZA PERFEKT IM ÜBERBLICK

- Das Herz Nizzas – kreuz und quer durch die Altstadt
- Erst Kunst, dann Durchschnaufen auf der Promenade du Paillon
- Perfekter Tagesausklang: Livemusik im Shapko

La Civette du Cours — Le Shapko

3 km (ohne Radstrecke) — 1 Tag, reine Gehzeit 1 Stunde

① La Civette du Cours

② Marché aux Fleurs

③ Vélobleu

Der perfekte Tag beginnt mit einem *café crème* oder *noir* und einem frischen Croissant. Ein schöner Ort dafür ist ① **La Civette du Cours** ➤ S. 57 *auf dem Cours Saleya.* Hier treffen sich die Einheimischen während ihres Marktbummels. In dem gelben Haus an der östlichen Seite des Markts lebte Henri Matisse. Frühstück, Morgensonne und Markttreiben machen Lust auf mehr. Nach diesem gemütlichen Auftakt *lässt du das Café rechts liegen* und schlenderst zwischen den farbenfrohen Ständen des Markts. Nach Gemüse, Obst und Kräutern geht es zum Schluss durch die Blumenstände. Hier befindest du dich auf dem berühmten ② **Marché aux Fleurs**.

SCHWING DICH IN DEN SATTEL!

Direkt hinter den letzten Ständen gehst du links und biegst dann wiederum links auf den Quai des États-Unis. Dort siehst du auch schon die Fahrradständer mit den blauen Rädern von ③ **Vélobleu** ➤ S. 145. Jetzt heißt es auf den Sattel steigen! Die Promenade ist breit und erstreckt sich über mehr als 7 km vom Hafen bis zum Flughafen: perfekt, um ein oder zwei Stunden lang hin und her zu radeln! Wenn du eine Pause brauchst, lässt du dich dafür am besten auf einem der für Nizza typischen blauen Stühle nieder, die überall an der Promenade herumstehen.

NIZZAS KÜCHE, NIZZAS EIS

Nun meldet sich vermutlich der Hunger. *Du verlässt die Promenade durch den letzten Durchgang durch die Häuser der Ponchettes in Richtung Colline. Geh gerade-*

aus durch die Rue Jules Gilly, die zur Rue Droite wird. So gelangst du zur versteckten Place Vieille, an der die Crêperie **4 La Vieille Crêpe ➤ S. 64** liegt. Hier gibt es köstliche Crêpes sowie deren herzhafte Varianten Galettes – genau der richtige, schnelle Lunch an einem Sightseeingtag in Nizza. Der Nachtisch kommt danach in die Tüte – und zwar bei **5 Fenocchio ➤ S. 58**, Nizzas bekanntestem Eiskünstler an der Place Rossetti. *Dazu nimmst du die Rue Centrale und kommst auf den Platz.*

4 La Vieille Crêpe

5 Fenocchio

Wirf noch einen Blick in die **6 Cathédrale Sainte-Réparate ➤ S. 32**, *bevor du die Place Rossetti an der Nordseite verlässt,* um durch die schattigen Altstadtgassen zu spazieren. *Hierzu nimmst du die Rue du Pont Vieux und biegst dann links in die Rue de la Boucherie, die zur Rue du Marché wird. Du verlässt das Gewirr der Gassen rechts über die Descente du Marché und stehst auf dem Boulevard Jean Jaurès. Dein Weg führt rechts über die Promenade du Paillon.*

6 Cathédrale Sainte-Réparate

ZWEI STUNDEN IM MUSEUM

Gönn dir hier noch eine kleine Verschnaufpause in der Sonne, bevor die Kultur ruft: Am Ende der Promenade

Monstre du Loch Ness: skurrile Skulptur von Niki de Saint Phalle vor dem MAMAC

7 MAMAC

stößt du auf das **7 MAMAC** ➤ S. 37. Der Besuch des Museums für moderne und zeitgenössische Kunst gibt Einblick in die bewegte Kunstszene der Stadt Mitte des 20. Jhs.: 1960 begründete eine Künstlergruppe um die gebürtigen Nizzaer Yves Klein und Arman den Nouveau Réalisme.

EIN APERITIF AN DER PROMENADE

8 Place Masséna

Nach dem Ausflug in die Kunstgeschichte Nizzas geht es *über die Promenade du Paillon zur* **8 Place Masséna** ➤ S. 35. Der weitläufige, italienisch anmutende Platz ist die Schnittstelle zwischen Alt- und Neustadt. Hier machst du eine kurze Pause an einem Brunnen und genießt das mediterrane Flair. An die Place Masséna schließen sich in nordwestlicher Richtung Nizzas Einkaufsstraßen an. *Danach durchquerst du geradeaus den Jardin Albert 1er und gelangst auf die Uferpromenade.* Der Anblick der türkisblauen Bucht ruft förmlich nach einem Aperitif! *Du gehst auf der Promenade des Anglais rechts bis zur* **9 Plage Lido** mit ihren vielen

9 Plage Lido

Bars und Bistros. Der perfekte Platz: direkt am Strand, das Wellengeräusch auf den Kieselsteinen und der Blick aufs Meer. Wer mag, kann hier auch schon einen Imbiss zu sich nehmen. *Danach spazierst du die Promenade in Richtung Colline du Château zurück, überquerst den Cours Saleya, biegst links in die Rue Saint-Gaëtan und sofort rechts in die Rue Barillerie ein,* wo du in der Weinbar ⑩ **Cave du Cours** ➤ S. 82 bei Käse, Schinken, Wein und Wasser entspannst.

⑩ Cave du Cours

DIGESTIF IN DER VIEILLE VILLE

Noch nicht müde? Dann geht es in den Bars der Altstadt weiter. Im Sommer kannst du dir einen Platz unter freiem Himmel aussuchen; ansonsten ist ⑪ **Le Shapko** ➤ S. 85 eine gute Adresse, um den Abend bei Musik und einem Gläschen ausklingen zu lassen. *Du erreichst die Bar Richtung Norden über die Rue de la Poissonnerie und die Rue Benoît Bunico.*

⑪ Le Shapko

② HUNDERT PROZENT MEER

- ➤ Sich an Bord den Wind um die Nase wehen lassen
- ➤ Badestopp und Traumweg zum Cap de Nice
- ➤ Meeresfrüchte genießen im berühmten Café de Turin

Start: Quai Lunel

Ziel: Café de Turin

Strecke: Rund 5 km (ohne Bus- und Schiffsstrecke)

Dauer: 1 Tag, reine Gehzeit 1½ Stunden

Badesachen nicht vergessen!
Schiffsfahrt April–Okt. Di–So 11 Uhr am Quai Lunel auf Höhe von Hausnummer 22: *Trans Côte d'Azur (trans-cote-azur.com)*
Wenn du über den ④ **Trödelmarkt** schlendern willst, musst du die Tour an einem Sonntag unternehmen.
⑧ **Cap de Nice:** Wegen des Wellenschlags unbedingt die Wetterwarnungen für den Küstenweg beachten.
⑨ **Busstation Maeterlinck:** Busse (Linie 15) ab hier fahren ein- bis dreimal pro Stunde *(lignesdazur.com).*

Dass Nizza eine Hafenstadt ist, zeigt sich im Viertel rund um den Port Lympia. Einmal dort angekommen, wird dich sofort die Lust auf Meer packen! Daher beginnt diese Tour mit einer Küstenrundfahrt. Das Ausflugsschiff legt am ① **Quai Lunel** ab und fährt aus dem Port Lympia hinaus in die Bucht von Villefranche, am Cap Ferrat entlang und zurück zur Promenade des Anglais. Nach einer Stunde legt das Schiff wieder im Hafen an.

① Quai Lunel

MARITIMES UND SÜSSES

Zeit für einen Mittagsimbiss! Und der ist nicht weit: *Du gehst den Quai Lunel links hinauf und kommst nach*

wenigen Metern zum ❷ Bistrot du Port *(Di/Mi geschl. | 28, Quai Lunel | Tel. 04 93 55 21 70 | €)*. Mit Blick auf den Hafen kannst du hier herrlich lunchen. Gut gestärkt gehst du dann *den Quai Lunel hinunter in Richtung Quai Papacino*. Du stößt kurz darauf auf die ❸ Confiserie Florian ➤ S. 73, die nach der Mittagspause um 14 Uhr öffnet. Wenn es schon so weit ist, kannst du dir noch etwas zum Naschen auf den Weg mitnehmen. Und warum nicht auch gleich ein paar typische Mitbringsel kaufen – wie wär's zum Beispiel mit kandierten Clementinen, *orangettes* (mit Schokolade überzogene kandierte Orangenstreifen) oder Zitronenmarmelade? *Zurück auf dem Quai Lunel,* kannst du über den Flohmarkt spazieren. Vielleicht entdeckst du zwischen alten Pastisflaschen, Porzellan und Vintageklamotten einen Schatz. Dazu muss es allerdings ein Sonntag sein – dann verwandelt sich die gesamte Uferpromenade in einen großen ❹ Trödelmarkt und die Einheimischen strömen für ihren Sonntagsspaziergang in Richtung Promenaden. Du schlenderst *in Richtung Place de l'Île de Beauté*. In der Kirche ❺ Notre-Dame du Port ➤ S. 38 steht im Erker links vom Altar ein blaues Fischerboot, *la barque de Saint Pierre*. Zweimal im Jahr, am 29. Juni (Peter und Paul) und am 15. August (Mariä Himmelfahrt), wird dieses Boot im Hafen festlich zu Wasser gelassen, mit Blumen geschmückt und gesegnet.

❷ Bistrot du Port

❸ Confiserie Florian

❹ Trödelmarkt

❺ Notre-Dame du Port

INS MEER HÜPFEN

Nun setzt du deinen Spaziergang *entlang des Hafenbeckens fort und biegst an dessen Längsseite auf den Quai des Docks*. Hinter Hausnummer 16, einem ehemaligen Bootsschuppen, der zu einem Ladenlokal umfunktioniert wurde, *biegst du links in die Rue du Lazaret ab und dann rechts auf den Boulevard Stalingrad (im weiteren Verlauf Boulevard Franck Pilatte)*. Du kommst an der Gare Maritime vorbei, wo die Fähren nach Korsika ablegen, und linker Hand am Jardin Vigier. Ein Stück weiter, hinter dem Club Nautique, beginnen kleine ❻ Badebuchten, gut geeignet, um eine Badepause einzulegen. Nächster Stopp ist der ❼ Jardin Félix Raynaud.

❻ Badebuchten

❼ Jardin Félix Raynaud

Zu jedem ordentlichen *plat de fruits de mer* gehören *crevettes roses* – Garnelen

Von der Aussichtsterrasse hast du einen herrlichen Blick auf Nizza. Das imposante rosafarbene Gebäude mit der Kapelle hinter dir ist ein ehemaliges Priesterseminar, 1840 erbaut und heute ein Hotel.

8 Cap de Nice

WAS FÜR AUSSICHTEN!

Am Aussichtspunkt beginnt ein *ausgeschilderter Spaziergang zum* 8 **Cap de Nice**. Er dauert nur 20 Minuten, aber da es so viele hübsche, sonnige Buchten, Bänke und Felsen gibt, an denen man unbedingt eine Pause einlegen möchte, wird es sicher länger dauern. Der Weg ist in den Fels geschlagen und bietet einen weiten Blick über das Meer. Kaum zu glauben, dass das Großstadtgetriebe so nah ist! *Nach ca. 1½ km erreichst du das Kap. Links führen sehr viele, sehr steile Stufen nach oben. Am Ende gehst du ein paar Meter rechts und steigst links abermals Treppen hinauf, bis du auf die Avenue du Cap de Nice stößt. Hier gehst du geradeaus weiter bis zum Boulevard Maurice Maeterlinck.* Auf der gegenüberliegenden Straßenseite befindet sich die 9 **Busstation Maeterlinck**, von der du zurück in die Stadt fährst.

INSIDER-TIPP
Trödelgefahr

9 Busstation Maeterlinck

SCHALEN- UND KRUSTENTIERE GENIESSEN

Du steigst an der Place Garibaldi aus. Egal, wie lange du für den Weg zum Cap de Nice gebraucht hast – jetzt ist es Zeit für einen Aperitif oder ein frühes Abendessen. Direkt am Platz findest du Nizzas erste Adresse für Meeresfrüchte, das ⑩ Café de Turin ➤ S. 63. Und was könnte nach einem Tag am Meer besser schmecken als Garnelen, Austern oder Muscheln mit einem Glas Rosé dazu?

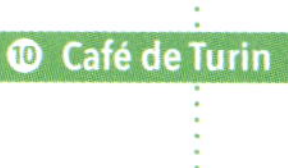

③ RUND UM DIE COLLINE DU CHÂTEAU

- Viele Wege führen hoch über die Dächer von Nizza
- Ohne den Blick vom Schlosshügel verlässt niemand die Stadt
- Im Antiquitätenviertel nach Liebhaberstücken stöbern

Start: Pointe Rauba Capeu
Ziel: Café Paulette
Strecke: 3 km
Dauer: ½ Tag, reine Gehzeit 1½ Stunden (mit Aufzug 1 Stunde)
Schwierigkeit: leicht
Info: Zugang zur Colline tgl. 8.30–18, April–Sept. bis 20 Uhr
Aufzug tgl. 10–17.25 Uhr

Bevor du den steilen Weg zur Colline du Château hinaufgehst, solltest du an der ① Pointe Rauba Capeu, der „Hutstehlerspitze“, Kraft tanken. Woher dieser kuriose Name kommt? Stell dich hier an einem windigen Tag mal in die Brise! Friedrich Nietzsche spazierte hier entlang und fand Inspiration für seine Werke. Am *balcon,* dem halbkreisförmigen Platz, kannst du mithilfe der Sonnenuhr auf dem Boden die Uhrzeit erfahren. Postier dich auf der angezeigten Markierung! Hier steht auch das wahrscheinlich meistfotografierte Wahrzeichen der Stadt: die Skulptur I love Nice.

① Pointe Rauba Capeu

Du verlässt den Aussichtspunkt in Richtung Quai des États-Unis. Links neben dem Hôtel Suisse führt eine

❷ Tour Bellanda

❸ Place d'Armes

❹ Aussichtsterrasse

❺ Cathédrale Santa Maria de l'Assompta

❻ La Citadelle

Treppe zum Schlossberg hinauf. Alternativ kannst du an dieser Stelle den Aufzug nehmen. Er ist in einen Brunnenschacht aus dem Jahr 1517 gebaut, der 73 m tief in den Stein gehauen wurde. Nach etwa zwei Dritteln des Aufstiegs erreichst du als ersten Schauinsland die ❷ **Tour Bellanda**. Noch gut 150 Stufen und du hast es ganz geschafft! *Oben angekommen, hältst du dich rechts* und erreichst den beliebtesten Aussichtspunkt Nizzas an der ❸ **Place d'Armes**. Von hier schaust du die Promenade entlang, siehst die roten Dächer der Stadt und am Horizont die Ausläufer der Seealpen.

ENDLICH: ERFRISCHUNGSPAUSE!

Von der Place d'Armes aus umrundest du den Hügel auf dem Weg Lou Castèau. Du kommst so zur östlichen ❹ **Aussichtsterrasse** mit Blick auf den Port Lympia und den Mont Boron. Die schattigen Spazierwege und ein Spielplatz liegen inmitten mediterraner Vegetation und sind ein beliebtes Ziel für Sonntagspicknicks. *Du folgst dem Weg auf den breiten, mosaikverzierten Stufen.* Die Mosaike zeichnen die griechische Vergangenheit Nizzas nach und enden am Treppenabsatz mit dem Zitat des Lyrikers Joachim du Bellay *Heureux qui comme Ulysse a fait un bon voyage* („Glücklich, wer wie Odysseus eine gute Reise gemacht hat"). Ein Stück weiter stößt du auf die Fundamente der ❺ **Cathédrale Santa Maria de l'Assompta**. Das Schloss, nach dem die Colline du Château benannt ist, wirst du hingegen vergeblich suchen: Die Zitadelle, die einst auf dem Hügel stand, wurde 1706 auf Anordnung von Ludwig XIV. abgerissen. *Du gehst links an der Ausgrabungsstätte vorbei* und gelangst so zur Bar ❻ **La Citadelle** *(tgl. 10–17.30 Uhr)*, wo du dir nach so viel Fußmarsch ein kühles Getränk verdient hast.

Nun geht es bergab. *Du nimmst den Weg, der Richtung Tal und Altstadt führt.* Nach wenigen Metern hörst du rechts oben das Rauschen des ❼ **Wasserfalls**, der im 19. Jh. angelegt wurde. Die Stufen führen dich direkt an den Wasserfall heran, der dich mit einer frischen Brise besprüht. *Dann nimmst du den Fußweg bergab in Richtung „Cimetières/Vieille Ville" und folgst der Allée François Aragon* zu den Friedhöfen. Der ❽ **katholische Friedhof** ist besonders beeindruckend und zählt zu den schönsten Friedhöfen Frankreichs. Das **Monument für die Opfer des Opernbrands** von 1881 befindet sich auf dem Platz am Eingang.

❼ Wasserfall

❽ Katholischer Friedhof

KURZBESUCH BEI NIETZSCHE

Nach dem Verlassen des Friedhofs gehst du *rechts hinunter bis ans Ende der Montée Montfort und dann links in die Rue de Foresta. In ihrer Verlängerung triffst du auf die Rue Catherine Ségurane.* Hier beginnt das Antiquitätenviertel, das sich bis zur Rue Martin Seytour erstreckt. An die 100 Antiquitätenhändler, Galeristen und Künstler haben sich hier niedergelassen. Der kleine An-

Von der östlichen Aussichtsterrasse schaust du auf den Fähranleger und zum Mont Boron

⑨ Les Puces de Nice

⑩ Haus Nr. 38

⑪ Café Paulette

tiquitätenflohmarkt ⑨ Les Puces de Nice *(Di–Sa 10–18 Uhr) befindet sich an der Place Robilante. Nach dem Besuch setzt du deinen Weg durch die Rue Catherine Ségurane fort.* Am ⑩ Haus Nr. 38 triffst du noch einmal auf Friedrich Nietzsche, der hier 1883 sein Werk „Also sprach Zarathustra" vollendete. *Noch ein Stück, und du biegst von der Rue Catherine Ségurane rechts in die Rue Martin Seytour ein, kommst zur Place du Pin und gehst links in die Rue Bonaparte.* Hier beendest du deinen Spaziergang im ⑪ Café Paulette ➤ S. 58 und gönnst dir einen Kaffee oder ein kühles Getränk.

④ CAP FERRAT: GÄRTEN UND KÜSTENWEGE

- Der Weg ist das Ziel – per Bus die Küste entlang
- Der Traum der Baronin Béatrice Ephrussi de Rothschild
- Meeresbrise beim Spaziergang ums Kap

Start: Busstation Passable/Rothschild

Ziel: Busstation Passable/Rothschild

Strecke: 8½ km

Dauer: 1 Tag, reine Gehzeit 3 Stunden

Badesachen nicht vergessen!
Anfahrt per Buslinie 15 ab Promenade des Arts ca. 30 Min. *(lignesdazur.com)*
Der Besuch in der ⑤ Villa Santo Sospir muss reserviert werden: *villasantosospir.fr*

① Busstation Passable/Rothschild

② Villa Ephrussi de Rothschild

Du beginnst deinen Ausflug mit einer Spazierfahrt per Bus durch Nizza, Villefranche-sur-Mer, Beaulieu-sur-Mer bis hin nach Saint-Jean-Cap-Ferrat. An der ① Busstation Passable/Rothschild steigst du aus, gehst *ein kleines Stück zurück zur* ② Villa Ephrussi de Rothschild ➤ S. 48 und startest deinen Aufenthalt in Saint-Jean-Cap-Ferrat mit einem Spaziergang durch die Gärten des wunderschönen Palais. Neben dem französischen, spanischen, japanischen und exotischen Garten ist der Rosengarten während der Blütezeit das absolute

Ein rosafarbener Traum zwischen Teichen und Rosenbeeten: die Villa Ephrussi de Rothschild

Highlight. Eine App (auch auf Englisch) oder ein Audioguide (auch auf Deutsch) führt dich durch die Villa und ihre Gärten. Zeit für eine Pause? Im **Salon de Thé** der Villa, der sich schon allein wegen der schönen Aussicht lohnt, gibt es einen schnellen Kaffee.

Anschließend läufst du wieder *zurück nach Süden in Richtung Kapspitze. An der Weggabelung am Touristenbüro hältst du dich links, folgst der Avenue Denis Semeria, dann dem Boulevard de la Libération und hältst dich am Ende rechts.* So erreichst du nach einer Viertelstunde den Hafen von Saint-Jean-Cap-Ferrat. Er wurde Mitte des 19. Jhs. angelegt und 1972 um den **3 Yachthafen** erweitert. Rund ums Hafenbecken findest du zahlreiche Bistros, Cafés und Geschäfte.

3 Yachthafen

EIN BAD VOR DEM ESSEN

Zum Lunch kehrst du am besten ins Restaurant **4 Capitaine Cook** *(Mi/Do geschl. | 11, Av. Jean Mermoz | Tel. 04 93 76 02 66 | €€)* ein. *Dazu verlässt du den Hafen in südöstlicher Richtung und nimmst die Avenue Jean*

4 Capitaine Cook

Mermoz. Kein stylishes Design, sondern die gute französische Bistroküche von Lionel und Nellie locken die Leute hierher. Besonders diejenigen, die Fischsuppe mögen, werden hier glücklich! Wenn du vor dem Mittagessen noch eine Erfrischung brauchen solltest, gehst du zunächst am Restaurant vorbei und erreichst nach ca. fünf Minuten den **Paloma Beach**, eine kleine Bucht mit Kieselstrand und klarem Wasser.

VIELE VILLEN – UND EINE GANZ BESONDERE

Nach dem mediterranen Lunch brichst du nun auf zu einem herrlichen Spaziergang vorbei an prachtvollen Villen und türkisfarbenen Buchten. *Von der Avenue Jean Mermoz westwärts geht es links über die Passage des Fossés zur Avenue Claude Vignon.* Der Weg führt dich nun rings um die Südspitze der Halbinsel. Nach ca. 2½ km kommst du zum **Leuchtturm**. *Hier biegst du rechts auf*

den Chemin du Phare und kurz darauf links auf die Avenue Jean Cocteau ab. Die 5 Villa Santo Sospir findest du in der Hausnummer 14. Der Maler, Schriftsteller und Regisseur Jean Cocteau (1889–1963) hat die Räume des Hauses mit Fresken, Mosaiken und Deckengemälden dekoriert. Das in Privatbesitz befindliche Schmuckstück ist sehr sehenswert!

INSIDER-TIPP
Kunstvoll wohnen

5 Villa Santo Sospir

EIN RESTAURANT MIT STRAND

Nach diesem Abstecher *gehst du denselben Weg zurück, bis du wieder auf den Küstenweg stößt, dem du in Richtung Norden weitere 3 km folgst,* bis du zur Plage de Passable kommst. Geschafft – hier erwartet dich das 6 Restaurant Plage de Passable *(April–Sept. tgl. 9–18 Uhr | Chemin de Passable | Tel. 04 93 76 06 17 | plage-de-passable.fr | €€–€€€)* für einen Drink. Du kannst noch ein Bad im Meer nehmen, bevor du dich auf den kurzen Rückweg zum Bus machst. *Dazu wendest du dich beim Restaurant nach rechts und folgst dem Chemin de Passable, biegst links ab auf die Avenue Denis Semeria* und erreichst nach ein paar Metern wieder die 1 Busstation Passable/Rothschild.

6 Restaurant Plage de Passable

1 Busstation Passable/Rothschild

Türkisblaues Wasser und ein Strand unter Pinien: Paloma Beach bei Saint-Jean-Cap-Ferrat

ANTIBES

Anders als Nizza und Cannes, wo breite Promenaden mit herrschaftlichen Häusern zum Schlendern einladen, ähnelt Antibes (75 000 Ew.) mit seiner Stadtmauer und den schattigen, engen Altstadtgassen einer Festungsanlage.

Antipolis, so nannten die Griechen die Stadt, die sie 340 v. Chr. gegenüber von Nizza gründeten. Wahrzeichen der Stadt ist die Stadtmauer, die sich am Meer entlang um die Altstadt schlängelt. Hier legte der Marquis de Vauban, der berühmte Festungsbaumeister Ludwigs XIV., Hand an. Du siehst sie besonders gut, wenn du die Alt-

Die Altstadt von Antibes wird noch heute von der alten Festungsmauer geschützt

stadt entlang der Uferpromenade in südlicher Richtung verlässt. Heute ist Antibes *(🕮 C4)* eine belebte Stadt mit dem größten Yachthafen Europas: Im Sommer wächst die Bevölkerung auf 175 000 Menschen an! In den Gassen ist es kühl, das glitzernde Meer lockt, und in den Bars herrscht ausgelassene Sommerstimmung.
Die Einheimischen lieben ihre Stadt aber auch im Winter, wenn es auf dem morgendlichen Marché Provençal gemächlich zugeht, Zeit für einen kleinen Tratsch bleibt und der *café crème* in der milden Wintersonne besonders gut schmeckt.

ANTIBES

MARCO POLO HIGHLIGHTS

★ **ALTSTADT**
Nicht nur auf dem Markt duftet es nach Oliven, Orangen, Melonen und Kräutern ➤ S. 118

★ **CAP D'ANTIBES**
Eine Landzunge mit Schmugglerpfad und Leuchtturm ➤ S. 119

★ **PORT VAUBAN**
Yachten der Superlative in Europas größtem Yachthafen ➤ S. 118

★ **MUSÉE PICASSO**
Pablo Picasso im Schloss der Grimaldis ➤ S. 118

5 Fort Carré
Port Vauban
4 Port Vauban
Vieux Port
Avenue de Verdun
Pré des Pêcheurs
Comptoir des Savonniers
Crêperie du Port
Rue Fontvieille
Rue Lacan
Rue Thuret
L'Arazur
1 Altstadt
Maison Brémond 1830
3 Musée Picasso
Musée Peynet et du Dessin Humoristique 2
L'Etable Fromagerie
La Cafetière Fêlée
L'Empereur
R. de Fersen
R.des Bains
Boulangerie Veziano
La Petite Escale
Rue du Bas Castelet
Rue de la Tourraque
Avenue Maréchal Reille
Boulevard Albert 1er
Avenue Barquier
Cour du Bastion Saint-André
Mer Méditerranée
Avenue Général Maizière
oyal Beach
6 Cap d'Antibes
Le Rocher

SIGHTSEEING

1 ALTSTADT ★

Wo die Wellen an die felsige Küste klatschen, erhebt sich die Stadtmauer von Antibes, in deren Schutz die Altstadt gewachsen ist – mit ihren schattigen Gassen, schmalen, mit Blumentöpfen geschmückten Stadthäusern und sonnigen Plätzen, gesäumt von Cafés und Restaurants. In der *Vieille Ville* steht das Leben selten still: Es beginnt am frühen Morgen, wenn die Bauern auf dem Markt ihre Stände aufbauen, und endet, wenn die Bars nachts ihre Türen schließen. *k–l 2–3*

2 MUSÉE PEYNET ET DU DESSIN HUMORISTIQUE

Das Museum zeigt Werke des französischen Grafikers Raymond Peynet (1908–99) – ein kurzweiliger Abstecher während eines Altstadtbummels. Berühmt sind seine *Amoureux* („Verliebte"), Zeichnungen der Traumwelt eines Liebespaars, die du mit Sicherheit schon mal irgendwo gesehen hast. Für die Stadt Antibes hat Peynet ein „Liebesdiplom" entworfen, das jedem Hochzeitspaar geschenkt wird. *Di–So 10–12.50 und 14–17, April–Okt. bis 18 Uhr | Place Nationale | antibesjuanlespins.com | 30 Min. | k3*

3 MUSÉE PICASSO ★

Im Schloss Grimaldi, wo die Geschichte von Antibes begann, sind heute 245 Werke von Pablo Picasso ausgestellt. Viele haben von dieser Stelle aus schon aufs Meer geblickt: Griechen und Römer von ihren Siedlungen, Bischöfe aus ihrer Residenz, ab 1385 die monegassischen Grimaldis aus ihrem Schloss und ab 1925 Besucher aus den Fenstern des Musée Grimaldi. 1946 kam Picasso nach Antibes und überließ dem Museum 67 seiner Werke. Neben diesen sind in dem Schloss auch Werke anderer bedeutender Künstler des 20. Jhs. vertreten. *Di–So 10–13 und 14–18, Mitte Juni–Mitte Sept. 10–18 Uhr | antibes-juanlespins.com | 1½ Std. | l3*

4 PORT VAUBAN ★

Es ist natürlich schick, den größten Freizeit-Yachthafen Europas zu seinen Attraktionen zählen zu können. Mehr als 1600 Anlegeplätze werden unter anderem von einigen der teuersten Yachten der Welt genutzt. Nach einem kurzen Spazierweg auf der Hafenmauer kannst du den schönsten Blick über den Hafen genießen – an der *Bastion Saint-Jaume,* gemeinsam mit dem *Nomaden,* einer 8 m hohen Buchstabenskulptur des spanischen Künstlers Jaume Plensa. An Sommerabenden öffnet zu Füßen des Nomaden die Bar *Le BAM Éphémère (@BAMantibes). k1–2*

5 FORT CARRÉ

Auf der Halbinsel Saint-Roch thront das Fort Carré. Es ist umgeben von einem Park – gut für einen Spaziergang und einen Blick auf Antibes und den Hafen. Das Fort wurde in der zweiten Hälfte des 16. Jhs. gebaut. Bis zum Anschluss Nizzas an Frankreich 1860 diente es als Wach- und Verteidigungsposten: Bis dahin war Antibes letzter Hafen vor der Grenze zur Grafschaft Nizza. Heute kannst du das Fort mit Kapelle, Küche, Schlafsaal etc. be-

Den „Nomaden" im Port Vauban kann man buchstäblich auch von innen betrachten

sichtigen. Und im Juni/Juli rockt es hier richtig, wenn das Festival *Nuits Carrées (nuitscarrees.com)* tobt. *Di–So 10–17 Uhr | antibes-juanlespins.com | Bus 14 | 1 Std. | k1*

6 CAP D'ANTIBES ★

Die Landzunge zwischen Antibes und Juan-les-Pins – feudale Villen, die man vor lauter Grundstück nicht sieht, Pinien, die in den Himmel ragen, eine herrliche Küstenstraße, das legendäre *Hôtel du Cap-Eden-Roc,* in dem ganz Hollywood ein- und ausgeht. Vom *Leuchtturm Garoupe (Route du Phare)* aus hast du einen weiten Blick über die Küste. In der benachbarten *Chapelle de la Garoupe* steht die vergoldete Holzstatue der Notre-Dame-de-Bon-Port, der Patronin der Seefahrer. Votivtafeln erinnern an verunglückte Seeleute.

Ein Spaziergang auf dem *Chemin des Contrebandiers,* dem „Schmugglerpfad" rund um das Kap, ist ein Naturschauspiel. Ausgangspunkt des ca. zweistündigen Rundgangs ist die *Plage de la Garoupe*. Dort nimmst du am Ende des Strands den kleinen Weg *Sentier de Tirepoil*. Ein schmaler Pfad führt dich nun durch eine Felsenlandschaft – auf der einen Seite die grünen Gärten der großen Anwesen, auf der anderen das offene Meer. Danach folgt ein Spaziergang durch die Villengegend und schließlich kommst du zurück zur Plage de la Garoupe. Tipps: gutes Schuhwerk – und das Wochenende meiden! *Bus 2 Richtung Eden Roc | C5*

ESSEN & TRINKEN

CRÊPERIE DU PORT

Was isst man in Frankreich gern? Logisch: Crêpes! Zur Auswahl stehen 76 Crêpes von salzig bis süß. Der Klassiker mit Zucker ist genauso dabei wie der *Après huit* mit Schokolade, Minzeis und Sahne oder die herzhaften Varianten aus Buchweizenmehl (Galettes), z. B. mit Käse oder Thunfisch. Dazu gibt es einen kühlen Cidre. *Mittags geschl. | 22, Rue Thuret | Tel. 04 93 34 56 12 | Facebook: Creperie DuPortAntibes | € | k2*

INSIDER-TIPP
Ein After Eight als Crêpe

L'ARAZUR

Du liebst kulinarische Kreationen, die nicht auf weißen Tischdecken, sondern in ungezwungener, lockerer Atmosphäre serviert werden? Im L'Arazur findest du genau das. Lucas Marini und Jeanne Martin präsentieren in Antibes' Altstadt voller Leidenschaft ihre innovative südfranzösische Küche. *Okt.–Juni So/Mo, Juli–Sept. mittags geschl. | 8, Rue des Palmiers | Tel. 04 93 34 75 60 | larazur.fr | €€€ | k–l2*

BOULANGERIE VEZIANO

Keine Lust auf Restaurant? Die weit und breit beste *pissaladière* auf die Hand bekommst du bei Jean-Paul Veziano. Alles, was hier über die Ladentheke geht, wird in der eigenen Backstube hergestellt. *So-Nachmittag und Mo/Di geschl. | 2, Rue de la Pompe | Facebook: Boulangerie-Veziano | k–l3*

LA CAFETIÈRE FÊLÉE

Französisch-asiatische Fusionsküche ist die Spezialität von Julien Fiengo. Der Küchenchef kreuzt asiatische Rezepte mit lokalen Zutaten. Das Ergebnis: ungewöhnliche Gerichte mit Überraschungseffekt. *So–Di geschl. | 18, Rue du Marc | Tel. 04 93 34 51 86 | lacafetierefelee.com | €€–€€€ | k3*

LA PETITE ESCALE

Eine großartige Adresse in der Altstadt für einen Lunch mit einem kleinen Mittagsmenü. Hannah und Vincent servieren eine kreative Küche aus frischen, saisonalen Zutaten und freuen sich sichtlich, ihre Gäste zu verwöhnen. Abends sitzt du besonders schön vor dem Restaurant in der gemütlichen Altstadtgasse. Klein und fein – deshalb solltest du reservieren. *Di-Mittag und So/Mo geschl. | 30, Rue Fourmillière | Tel. 09 87 39 94 98 | Facebook: restaurantlapetiteescale | €€ | k3*

ROYAL BEACH

Essen direkt am Meer? In Juan-les-Pins reiht sich ein Strandrestaurant ans andere. In Antibes gibt es nur das Royal Beach, das direkt am Wasser liegt. Ob Lunch oder Dinner, Fisch, Meeresfrüchte oder Pasta – Meerblick und Côte-d'Azur-Feeling sind garantiert. *April–Sept. tgl. | 16, Blvd. du Général Maréchal Leclerc | Tel. 04 93 33 72 81 | hotel-royal-antibes.com | €€€ | k4*

LE ROCHER

Das ist mal eine runde Sache: Ein Ausflug zum Cap d'Antibes, ein Spaziergang auf dem Schmugglerpfad und

Natürlich kaufen auf dem Marché Provençal auch Antibes' Küchenchefs ein

als Belohnung ein so simpler, wie guter Lunch im Le Rocher: kein Schnickschnack, sondern so, wie ein Essen am Strand am besten schmeckt, frischer Fisch, Gemüse, Rosé. Aber: Reservieren, sonst wird nichts draus! *Abends geschl. | 925, Chemin de la Garoupe | Tel. 07 71 15 84 83 | €€ | 🕮 C4*

SHOPPEN

In den Gassen der Altstadt hängt der Duft von Oliven, Kräutern, Orangen und Zitronen. Der *Marché Provençal (Juni–Sept. tgl., Okt.–Mai Di–So 6–13 Uhr | Cours Masséna | 🕮 l3)* ist ein Paradies für Gourmets und diejenigen, die einfach nur die Gerüche des Südens genießen wollen. Schön ist der Bummel durch die *Rue James-Close* mit ihren kleinen Läden und Galerien. Außerhalb der Altstadt liegen die Einkaufsstraßen rund um die *Place Général de Gaulle (🕮 j–k3)*. Das Herz aller Shoppingfans geht im Sommer auf – in Juan-les-Pins haben die Geschäfte in der Hochsaison sogar bis Mitternacht geöffnet.

COMPTOIR DES SAVONNIERS

Tomaten, Äpfel, Erdbeeren kauft man pfundweise. Aber Seife? Ja, warum denn eigentlich nicht? Und es geht ungewöhnlich weiter: Die Seifen im „Seifenkontor" gibt es nämlich genau in diesen Obstdüften und in beinahe 100 (!) weiteren – und fast alle sehen aus wie bunte Lutschbonbons. Neugierig? *Tgl. | 29, Rue Thuret | comptoir-des-savonniers.com | 🕮 k2*

L'EMPEREUR

Die Regale von Christophe Verrier sind gefüllt mit *foie gras,* feinen Tapenaden, Entenbrust, luftgetrocknetem-Schinken, Kaviar und Trüffeln. Dazu hat er auch die passenden Weine parat. Ein Feinschmeckerparadies vom Allerfeinsten. *Tgl. | 7, Cours Masséna | foie-gras-empereur.fr |* k–l3

L'ETABLE FROMAGERIE

Für Käseliebhaber ist es schier unmöglich, an dieser *fromagerie* vorbeizuschlendern, ohne einzutreten. Ob aus Ziegen- *(chèvre),* Schaf- *(brebis)* oder Kuhmilch *(vache),* ob jung oder gereift, ob frisch oder würzig – die Auswahl ist riesig und das unverzichtbare Baguette dazu gibt es in der Bäckerei schräg gegenüber. *So-Nachmittag und Mo geschl. | 1, Rue Sade |* k–l3

MAISON BRÉMOND 1830

Die ganze Welt der Oliven vom Öl in allen Variationen über Knabbereien bis hin zu Pflegeprodukten auf Olivenölbasis gibt es in einer Seitenstraße des Wochenmarkts. Oder wie wäre es mit einem Balsamessig mit Feigennote? *So-Nachmittag geschl. | 4, Rue Sade | mb-1830.com |* k–l3

STRÄNDE

INSIDER-TIPP
Ein Schritt durch die Mauer

Nur wenige Schritte aus der Altstadt heraus, liegt hinter einem kleinen Durchgang in der Hafenmauer der kleine Sand-

Antibes hat mehrere Ausgehspots – im Sommer tobt das Leben vor allem in Juan-les-Pins strand *Plage de la Gravette (12)*. Verlässt du die Altstadt in Richtung Cap d'Antibes, kommst du an den Stränden *Plage du Ponteil (k4–5)* und *Plage de la Salis (l5)* vorbei.

Das ausgelassenste Strandleben spielt sich in *Juan-les-Pins (g–h 5–6)* ab: breite Sandstrände, Bars und Restaurants, Promenaden und Eisdielen – Beachlife pur! Einen entspannten Strandtag kannst du dir an der *Yolo Plage (22, Blvd. Charles Guillaumont | yolo-plage.fr | h6)* mit Restaurant in Juan-les-Pins gönnen.

SPORT & SPASS

Verlockend ist beim Anblick des Meeres eine Spritztour über die Wellen: Ab 130 Euro für den halben Tag verleiht *Antibes Bateaux Services (antibes-bateaux.com)* Motorboote, auch ohne Bootsführerschein. Aktiver bist du auf dem Meer per Kajak oder Stand-up-Paddle unterwegs. Am Cap d'Antibes entlang, dazwischen ein Badestopp, macht dieser Ausflug jede Menge Spaß. Verleih: *kayak-cap-d-antibes.fr, blue-drop.fr*.

Ein großer Spaß für Kinder, aber leider auch immer extrem überfüllt, ist der spritzige Parcours aus Rutschen, Wasserkanonen, Tunneln und Wasserinseln im *Aquasplash (Mitte Juni–Anfang Sept. tgl. 10–19 Uhr | 306, Av. Mozart | C4)*. Im Ticket „TER + Marineland" ist die Bahnfahrt bis zum Bahnhof Biot inbegriffen.

AUSGEHEN & FEIERN

In Partystimmung? In Antibes überhaupt kein Problem. Los gehts im Pub-Dreieck um die Straßen *Boulevard d'Aguillon* und *Rue Aubernon (k–l2)*. Auf dem Boulevard d'Aguillon, der sich an der Stadtmauer hinter dem Port Vauban entlangzieht, reiht sich eine Bar an die andere. Bei gutem Wetter verwandelt sich der Boulevard in eine einzige Freiluftbar. Das Theater *Anthéa (anthea-antibes.fr)* bietet ein breites Programm für Kulturinteressierte mit Theater, Opern, Tanz und Ballett.

Die größte Diskothek der Côte d'Azur wartet an der Küstenstraße zwischen Antibes und Villeneuve-Loubet: Das *La Siesta (joa.fr | C4)* ist Restaurant, Casino und Discolounge in einem. Die Partymeile von Antibes ist *Juan-les-Pins* mit jeder Menge Bars und Clubs.

CANNES

Cannes – Hauptstadt des Glamours und des Films, der Yachten und der Stars. Aber die Stadt (72 000 Ew.) ist mehr als das: vor allem eine Stadt mit Geschichte. Erstmals erwähnt 1030, war Cannes über Jahrhunderte ein isoliertes Dorf, dessen Bewohner, Bauern und Fischer, unter ärmlichen Bedingungen lebten.
Cannes' *(🕮 B4–5)* Aufstieg begann erst 1834, als der Engländer Lord Brougham zufällig hier haltmachte und blieb. Ihm folgten Adlige, Prinzen und Könige aus England und Russland auf der Suche nach einem Winterdomizil. So entwickelte sich Cannes in wenigen

Cannes' andere Seite: der Vieux Port und die Altstadt unter dem Mont Chevalier

Jahrzehnten vom Fischerdorf zum mondänen, weithin bekannten Städtchen. Der Erfolg der Internationalen Filmfestspiele tat ein Jahrhundert später ein Übriges, um Cannes ins Rampenlicht der Welt zu rücken.
Cannes hat zwei Gesichter: Während der Festspiele, der Messen und im Sommer gibt es sich mondän; im Winter ist es beschaulich. Abseits der Croisette spielt sich der Alltag ab: Die Fischer laufen mit ihrem Fang in den Hafen ein, die Einheimischen treffen sich zum Kaffee in der Bar, auf den Märkten wird gehandelt und getratscht.

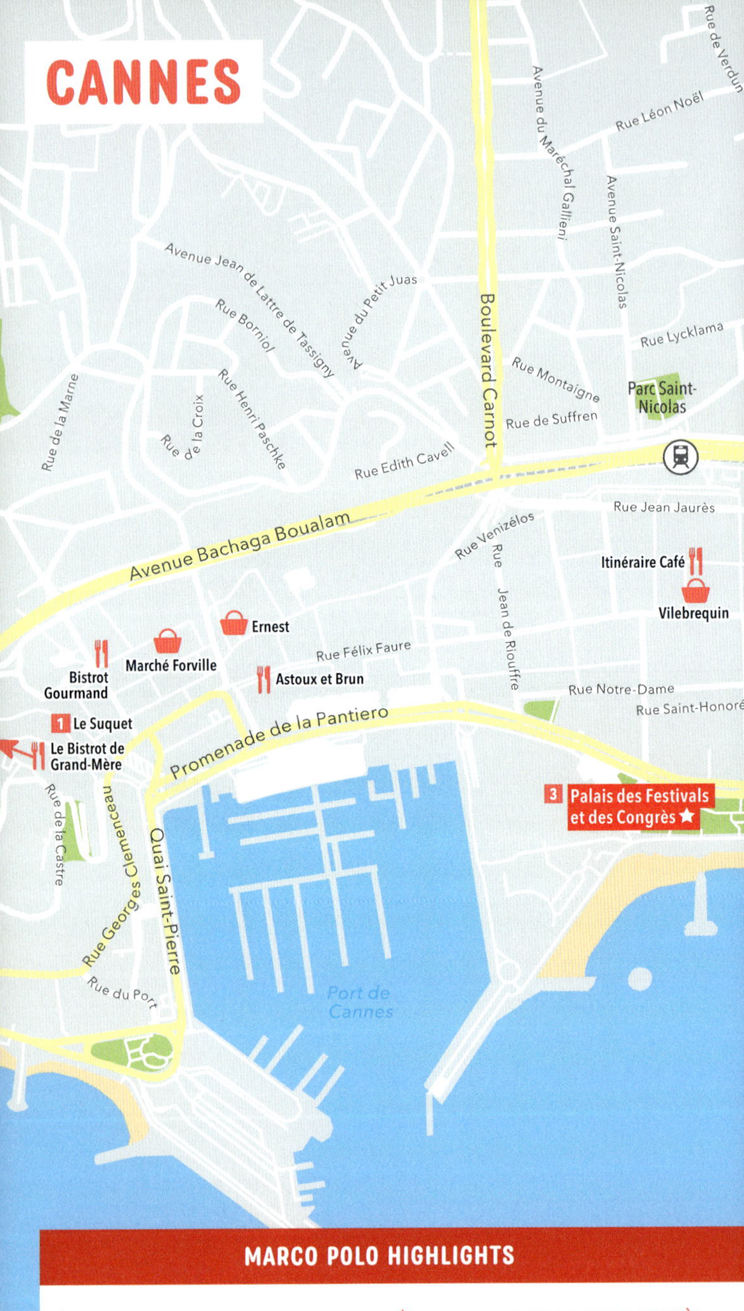

MARCO POLO HIGHLIGHTS

★ **BOULEVARD DE LA CROISETTE**
Auf der weltberühmten Flaniermeile spazieren ➤ S. 128

★ **PALAIS DES FESTIVALS ET DES CONGRÈS**
Der Betonbunker mit dem roten Teppich ➤ S. 128

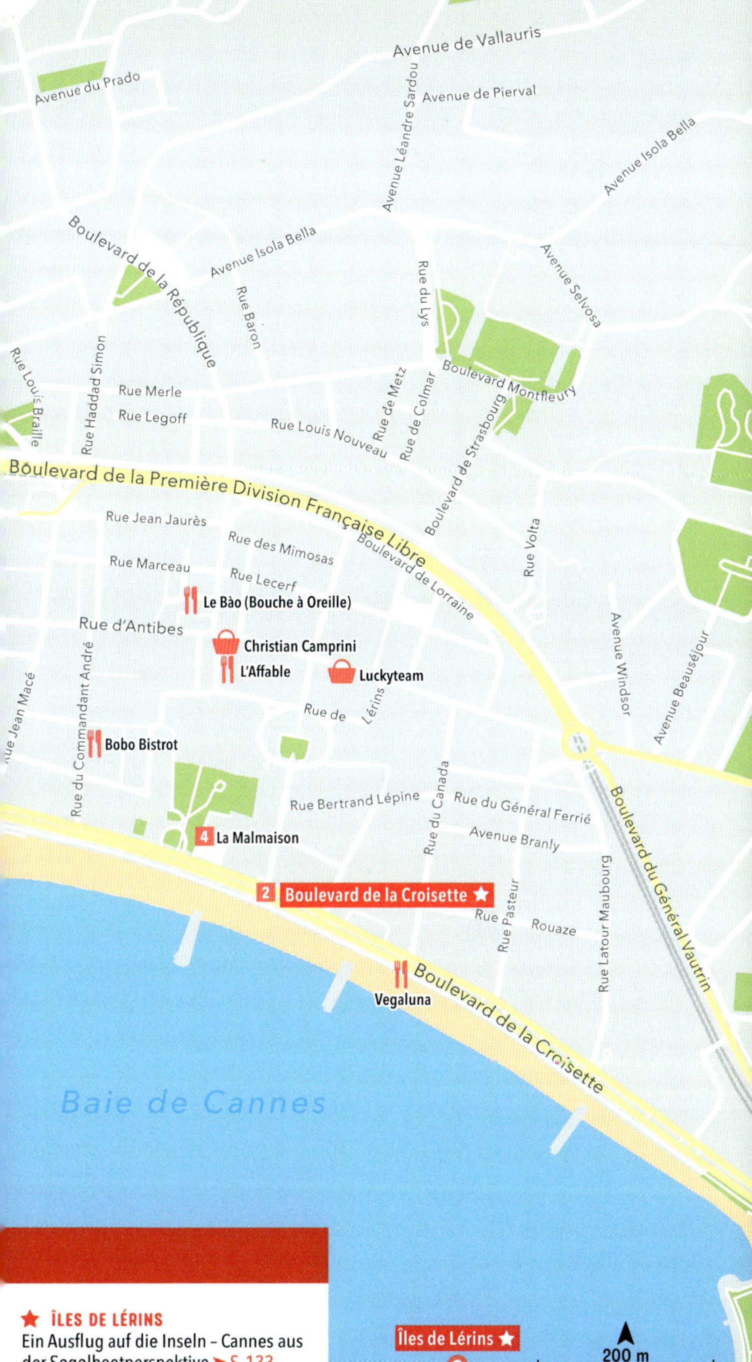

★ **ÎLES DE LÉRINS**

Ein Ausflug auf die Inseln – Cannes aus der Segelbootperspektive ➤ S. 133

Cannes hat sich übrigens eine besondere Hommage an das Kino ausgedacht: 19 imposante Wandgemälde auf Häuserfassaden zieren die Stadt. Schau dir nur mal die Trompe-l'Œil-Fassade am Busbahnhof an! Führungen kannst du auf *cannes-destination.com* buchen. Einen interaktiven Stadtplan, mit dem du die Strecke allein ablaufen kannst, um Jean Gabin und Jacques Tati, Charlie Chaplin, Alain Delon oder Marilyn Monroe zu begegnen, findest du unter *short.travel/niz2*.

INSIDER-TIPP
Auf den Spuren der Stars

SIGHTSEEING

1 LE SUQUET

Enge Gassen winden sich den Mont Chevalier hinauf: Das ist Le Suquet, das historische Zentrum von Cannes. Vorbei an jeder Menge Restaurants geht es bis hoch hinauf zur *Chapelle Sainte-Anne* und zum mittelalterlichen Schloss, in dem das historische *Musée des Explorations du Monde (Di–So 10–13 und 14–17, April–Juni und Sept. bis 18, Juli/Aug. tgl. 10–19, Mi bis 21 Uhr | cannes.com)* mit antiken und mittelalterlichen Ausgrabungsgegenständen untergebracht ist. Wem die 109 Stufen auf den Turm zu anstrengend sind, der hat von einer Terrasse aus einen fast ebenso herrlichen Ausblick. Dafür lohnt sich die halbe Stunde Fußweg! *n3*

2 BOULEVARD DE LA CROISETTE ★

Was für Nizza die Promenade des Anglais, ist für Cannes die Croisette: die Flaniermeile schlechthin! Palmen auf der einen, Sandstrand auf der anderen Seite und dazwischen die Promenade. Berühmt sind die blauen Stühle, die dort kreuz und quer stehen und für eine kleine Pause heiß begehrt sind. Hotelpaläste wie Carlton, Majestic und Martinez prägen das Bild der weltbekannten Glamourmeile. Am südöstlichen Ende der Croisette liegt das Palm Beach Casino, am westlichen das Festivalgebäude. Und wenn du dich vor dem Filmpalast wunderst, dass alle Spaziergänger suchend zu Boden blicken, dann bist du an der *Allée des Étoiles*. Über 140 Stars haben hier ihre Hände in Betonplatten gedrückt und diese signiert. *o–r 3–6*

3 PALAIS DES FESTIVALS ET DES CONGRÈS ★

Das ist sie also: die Treppe, auf die im Mai die Kameras der ganzen Welt gerichtet sind! Wenn zu den Filmfestspielen die Hotelfassaden verkleidet, werden, der rote Teppich ausgerollt und der Strand in eine Partymeile verwandelt wird, ist Cannes im Ausnahmezustand. Alle drängen sich um den Filmpalast, um einen kurzen Blick auf die Stars zu werfen. Das Gebäude, ein Betonklotz, der von den Einheimischen *le bunker* genannt wird, wurde 1982 eingeweiht. Das erste Filmfestgebäude stand dort, wo heute das JW-Marriott-Hotel steht. Dem Erfolg der Filmfestspiele und der wachsenden Zahl an Messen und Kongressen fiel leider das schöne historische Spielcasino zum Opfer, an dessen Stelle das heutige Palais des Festivals et des Congrès gebaut wurde. Wenn vor

Boulevard de la Croisette: Auch an Cannes' Prachtpromenade findest du die blauen Stühle

dem nicht gerade Stars und Sternchen im Blitzlichtgewitter stehen, finden hier Messen und Veranstaltungen statt. *festival-cannes.fr* | *o3*

4 LA MALMAISON

Das weiße Herrenhaus mit dem großen Vorplatz an der Croisette fällt auf. Der ehemalige Spiel- und Teesalon des Grand Hôtels ist heute ein kleines Kunstmuseum mit wechselnden Ausstellungen nationaler und internationaler Künstler des 20. und 21. Jhs. *Bis ca. Anf. 2025 wegen Renovierung geschl. | 47, Blvd. de la Croisette* | *p3*

ESSEN & TRINKEN

LE BISTROT DE GRAND-MÈRE

Ein kleiner Platz auf dem Altstadthügel: Hier erlebst du gutes Essen und Ruhe vom Trubel der Stadt. Tagsüber Bistro à la carte, abends zusätzlich das Klassikmenü mit Champagner und Wein für 60 Euro. *So geschl. | 1, Rue du Pré | Tel. 04 93 38 90 50 | lebistrotdegrandmere.com* | €€ | *n3*

BISTROT GOURMAND

Einen Katzensprung vom Marché Forville entfernt liegt dieses Bistro. Ob *foie gras,* Ravioli mit Trüffelcreme, Dorade oder *magret de canard* (Entenbrust) mit Ingwersauce – hier geht es französisch zu, und das in bester Bistroatmosphäre. *So-Abend und Mo geschl. | 10, Rue du Docteur Pierre Gazagnaire | Tel. 04 81 69 02 36 | bistrotgourmandcannes.fr* | €€–€€€ | *n3*

ASTOUX ET BRUN

Meer riechen? Meer schmecken? Nichts einfacher als das in dieser Brasserie, dem Klassiker, wenn es ums Austernschlürfen und Crevettenpulen geht. Keine Reservierungen! *Tgl. | 27, Rue Félix Faure | Tel. 04 93 39 21 87 | astouxbrun.com* | €€ | *o3*

Ein Fest für Auge, Nase und Gaumen: ein Bummel über den Marché Forville

ITINÉRAIRE CAFÉ

Wenn es dir nicht nur um einen schnellen Koffeinkick, sondern um echten Kaffeegenuss geht, führt kein Weg an dieser Rösterei vorbei – eine große Sortenauswahl, köstlich zubereitet. Genossen wird direkt im Stehen oder an den Tischen vor dem Café. Probier an heißen Tagen unbedingt den Freddocafé! *So geschl. | 10, Rue Hoche | Facebook |* *p2*

LE BÀO (BOUCHE À OREILLE)

Ob zum Aperitif unter Freunden mit kleinen Gerichten zum Teilen oder zum klassischen Abendessen: Gemütlichkeit, Gastfreundschaft und regionale Produkte sind das Konzept dieser Weinbar. *So/Mo und mittags geschl. | 7, Rue des Gabres | Tel. 04 93 39 97 90 | lebouchaoreille.com | €€–€€€ |* *p2*

L'AFFABLE

Fangen wir mal mit dem Ende an: Du musst unbedingt Platz lassen für das *soufflé au Grand Marnier!* Das heißt nicht, dass alles davor weniger gut wäre – vom Amuse-Gueule über die Kürbissuppe mit *foie gras* oder den Artischockensalat mit Parmesan bis zum Lammtopf oder Seewolf. Ein gutes Restaurant für kühle oder sehr heiße Tage – es gibt nämlich keine Terrasse. *So/Mo geschl. | 5, Rue Lafontaine | Tel. 04 93 68 02 09 | restaurant-laffable.fr | €€–€€€ |* *p3*

BOBO BISTROT

Herrliche Bistroatmosphäre in einer Seitenstraße der Rue d'Antibes. Wenn dich mittags nach Sightseeing und Shoppen der Hunger überkommt, kannst du bei der *formule midi* zwischen zwei Tagesgerichten plus Kaffee und Wein für 12–14 Euro wählen und liegst damit goldrichtig. *Tgl. | 21, Rue du Commandant André | Tel. 04 93 99 97 33 | bobobistro.com | €€ |* *p3*

VEGALUNA

Hier lässt's sich sitzen, das Carlton im Rücken, das Meer vor der Nase. Für einen Café oder den Lunch ist das Vegaluna ein herrlicher Platz – ganz besonders in der Nebensaison. Wenn du beim Dessert unschlüssig bist: Die *tarte aux pommes* ist großartig! *Außer Juli/Aug. abends geschl. | Blvd. de la Croisette gegenüber Hotel Carlton | Tel. 04 93 43 67 05 | vegaluna.fr | €€ |* *q3*

SHOPPEN

Cannes ist ein Shoppingparadies und hält für jeden Geldbeutel etwas bereit. Am *Boulevard de la Croisette* gehen die Schaufenster der Edeldesigner ineinander über; die *Rue d'Antibes* ist eine Geschäftsmeile mit Boutiquen aller Art und in den vielen Seitenstraßen der Rue d'Antibes stößt du immer wieder auf originelle, kleine Läden.

MARCHÉ FORVILLE

INSIDER-TIPP
Ab durch die Mitte!

Ein Bummel über den Marché Forville ist ein Muss! Orangen, Tomaten, Kräuter – im Mittelgang bieten die Bauern der Region ihre Waren an. Wer eine Pause einlegen will, ist in einer der umliegenden Bars und Cafés genau richtig. Montags gibts an dieser Stelle statt Salat Trödel und Antiquitäten. *Rue du Marché Forville |* *n3*

ERNEST

Der bekannteste Feinkosthändler der Stadt ist dieses Familienunternehmen mit seinen Läden und Konditoreien. Die Zutaten für seine Spezialitäten kauft Michel Ernest auf dem Marché Forville um die Ecke. Ein paar Tische laden zu einem kleinen, aber feinen Mittagssnack ein. Eigene *Pâtisserie (53, Rue Meynadier). So geschl. | 52,*

Rue Meynadier | ernest-traiteur.com | *o3*

VILEBREQUIN

Schicke Badehosen von der Côte d'Azur gibt es bei Vilebrequin. Die haben allerdings auch ihren Preis. Der absolute Hit sind die Partnerlook-Badehosen für Vater und Sohn. *So und mittags geschl. | 37, Rue d'Antibes | vilebrequin.com |* *o-p 2–3*

CHRISTIAN CAMPRINI

Ein Chocolatier ist ein „Meister der Schokolade" – und Christian Camprini beherrscht sein Handwerk wirklich meisterhaft: In seinem Atelier fertigt er Schokolade, Pralinen und Gebäck der Extraklasse. Auch Konfitüren aus den Früchten der Region gehören zu seinen Spezialitäten. Unschlagbar ist der Schokoaufstrich! *So/Mo geschl. | 3, Rue la Fontaine | christian-camprini.fr |* *p3*

LUCKYTEAM

INSIDER-TIPP
Glück an Ketten

Schmuck made in Cannes, inspiriert von zahllosen Reisen durch die ganze Welt und überlieferten Traditionen. So entstanden die zeitlosen Armbänder, Ringe und Ohrringe, Halsketten und Glücksbringer von Luckyteam. *So geschl. | 124, Rue d'Antibes | luckyteam.fr |* *q3*

STRÄNDE

Einkaufstaschen in der einen, Badehandtuch in der anderen Hand: Stadt-

Mit Blick auf Yachten und Cruiseliner: An der Croisette findest du auch öffentliche Strände

und Strandleben liegen in Cannes unmittelbar nebeneinander. Cannes verfügt über eine große Anzahl von Stränden, die an die Strandrestaurants angeschlossen sind. Dort werden tageweise Liegen und Sonnenschirme vermietet (15–24 Euro). Pluspunkt: Umkleidekabinen und Service mit Getränken und Speisen direkt am Platz. An beiden Enden der Croisette liegen die frei zugänglichen Strände, die ebenfalls alle mit Duschen ausgestattet sind. Besonders schön ist die *Bijou Plage (🕮 r5–6)* am äußersten Zipfel der Croisette. An den alten Hafen am Quai Saint-Pierre schließt sich ein kilometerlanger Sandstrand *(🕮 n4)* bis Mandelieu-La Napoule an.

AUSGEHEN & FEIERN

In Cannes sind die Nächte lang. Ein buntes Programm für Kulturinteressierte mit Theater, Musik, Tanz und Kleinkunst findest du auf *cannes.com* in der Rubrik „culture". Im berühmten *Croisette Casino (Palais des Festivals | casinosbarriere.com)* oder im *Palm Beach (Pointe Croisette | palmbeach-cannes.com)* kannst du zocken. Im Zentrum rund um die *Rue Docteur Monod (🕮 p3)* konzentrieren sich Pubs und Bars. Auf der Bestenliste ganz weit oben rangieren derzeit *Morrisons Lounge (8, Rue Teisseire)* und *L'Expérience (14, Rue Bivouac Napoléon):* Loungen nach Herzenslust.
Ganz im Cannes-Chic geht es in den Clubs weiter: Angesagt ist unter anderem das *Le Bâoli (Port Pierre Canto | baolicannes.com | 🕮 r5),* das Restaurant, Loungebar und Club in einem ist; hier heißt es: Party bis zum Morgengrauen!

RUND UM CANNES

ÎLES DE LÉRINS ★

20 Min. mit dem Schiff ab Quai Laubeuf bis zur Île Sainte-Marguerite
Eine kurze Bootsfahrt vom Trubel der Stadt entfernt liegen diese vier Inseln: die *Île Sainte-Marguerite,* die *Île Saint-Honorat* und die beiden Winzlinge *Saint-Ferréol* und *Îlot de la Tradelière.* Die Klosterinsel Saint-Honorat wird noch heute von Franziskanermönchen bewohnt. Was für ein idyllisches Plätzchen die sich ausgesucht haben! Du spazierst über die Insel, nimmst ein Bad im Meer und besichtigst Klosterkirche und Klosterladen. Wie wäre es zum Beispiel mit einem Fläschchen von den Mönchen gekeltertem Wein *(abbayedelerins.com)?*
Die größere Île Sainte-Marguerite lockt zum Picknicken, Baden in Felsbuchten, Spazierengehen und zum Besuch des *Musée du Masque de Fer et du Fort Royal (Okt.–März Di–So 10.30–13.15 und 14.15–16.45, April/Mai bis 17.45, Juni–Sept. tgl. 10–17.45 Uhr).* Wer eine Nacht auf der Insel verbringen möchte, kann das in der *Jugendherberge (cannes-jeunesse.fr)* im Fort Royal tun. Auch mit dem Kajak kannst du auf die Inseln paddeln – Infos unter *kayak-iles-de-lerins.fr. Tgl. bis zu 17 Abfahrten zwischen 9 und 16 Uhr | Hin- und Rückfahrt 17,50 Euro | 🕮 B–C5*

MONACO

Dort, wo sich heute das Casino und das Hôtel de Paris befinden, gab es vor 180 Jahren lediglich moosbedeckte Steine, Orangenbäume und Pinienwälder. Idylle pur, aber ohne jede wirtschaftliche und gesellschaftliche Perspektive.

Am Willen der Vorfahren von Fürst Albert II. mangelte es dabei nicht. Ihre Idee: ein Spielcasino. Die waren 1850 in Frankreich verboten. Eine Marktlücke, die Monaco *(🕮 F2)* füllen wollte. Der Franzose François Blanc, der das Bad Homburger Spielcasino leitete, gründete die heute noch erfolgreiche Société des Bains de Mer (SBM) und

„Le Rocher", Felsen, heißt die Altstadt, die hoch über dem Yachthafen thront

verlängerte die Eisenbahnstrecke von Cagnes-sur-Mer bis nach Monaco. So begann der Aufstieg des Fürstentums: In wenigen Jahren wurde Monaco (39 000 Ew.) zum Inbegriff von Luxus.

Es besteht aus den Vierteln Monaco-Ville mit der Altstadt und dem Fürstenpalast, Monte Carlo mit Casino und Grandhotels, La Condamine und Fontvieille, dessen Terrain durch Erdaufschüttung ins Meer gewonnen wurde. Und Monaco wächst weiter. Bis 2025 soll auch der neue Stadtteil Mareterra fertiggestellt sein. Ein weiteres Terrain für Appartements und Villen, das dem Meer abgerungen wird.

MONACO

MARCO POLO HIGHLIGHTS

★ **CASINO DE MONTE CARLO**
Legendäres Spielcasino am selben Platz wie das Hôtel de Paris ➤ S. 139

★ **JARDIN EXOTIQUE**
Wo nicht nur die Kakteen blühen ➤ S. 138

★ **MUSÉE OCÉANOGRAPHIQUE**
20 000 Meilen unter dem Meer – und ein paar Meter oben drüber ➤ S. 139

★ **PALAIS PRINCIER**
Zu Besuch bei Fürst Albert und Fürstin Charlène ➤ S. 138

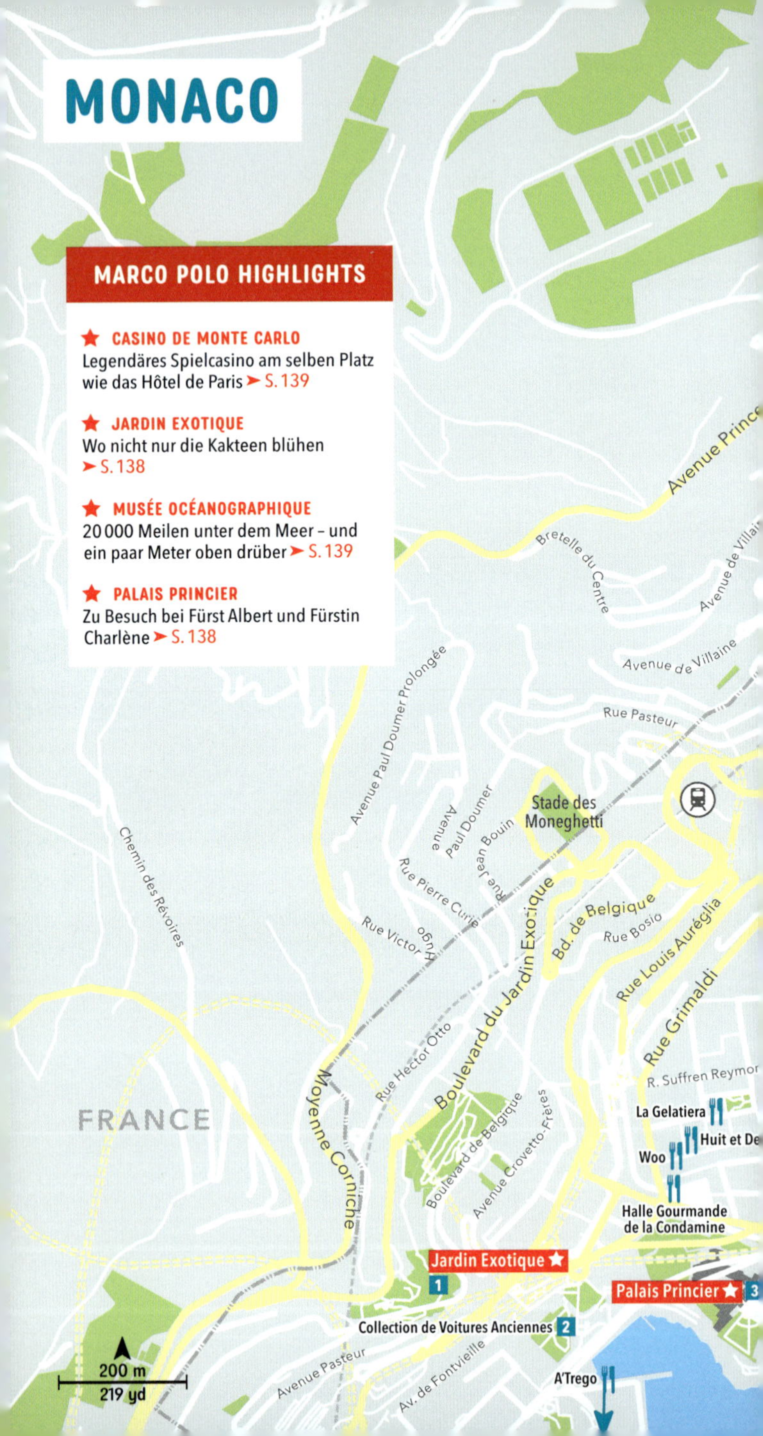

Avenue Princ
Bretelle du Centre
Avenue de Villai
Avenue de Villaine
Rue Pasteur
Avenue Paul Doumer Prolongée
Avenue Paul Doumer
Rue Jean Bouin
Stade des Moneghetti
Chemin des Révoires
Rue Pierre Curie
Rue Victor Hugo
Boulevard du Jardin Exotique
Bd. de Belgique
Rue Bosio
Rue Louis Auréglia
Rue Grimaldi
R. Suffren Reymor
Rue Hector Otto
Moyenne Corniche
Boulevard de Belgique
Avenue Crovetto-Frères
FRANCE
La Gelatiera
Huit et De
Woo
Halle Gourmande de la Condamine
Jardin Exotique ★ 1
Palais Princier ★ 3
Collection de Voitures Anciennes 2
Avenue Pasteur
Av. de Fontvieille
A'Trego
200 m
219 yd

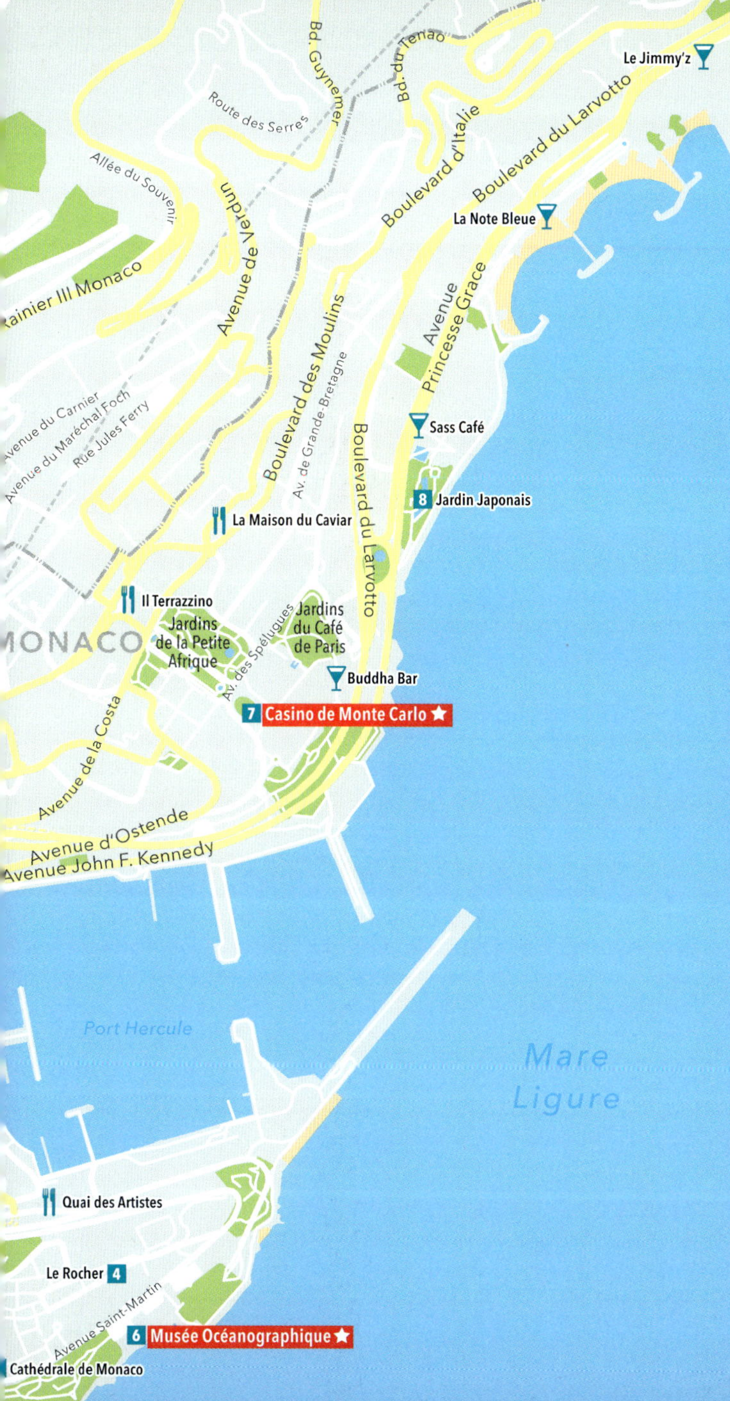

Le Jimmy'z
Bd. du Tenao
Bd. Guynemer
Route des Serres
Boulevard du Larvotto
Boulevard d'Italie
Allée du Souvenir
La Note Bleue
Avenue de Verdun
Rainier III Monaco
Avenue Princesse Grace
Boulevard des Moulins
Av. de Grande-Bretagne
Avenue du Carnier
Avenue du Maréchal Foch
Rue Jules Ferry
Sass Café
Boulevard du Larvotto
8 Jardin Japonais
La Maison du Caviar
Il Terrazzino
Jardins de la Petite Afrique
Jardins du Café de Paris
MONACO
Av. des Spélugues
Buddha Bar
7 Casino de Monte Carlo
Avenue de la Costa
Avenue d'Ostende
Avenue John F. Kennedy
Port Hercule
Mare Ligure
Quai des Artistes
Le Rocher 4
Avenue Saint-Martin
6 Musée Océanographique
Cathédrale de Monaco

SIGHTSEEING

1 JARDIN EXOTIQUE ★

Blühende Riesenkakteen in allen Farben und Formen, exotische Pflanzen, afrikanische Bäume: Das Mikroklima machts möglich und das Ergebnis ist ebenso erstaunlich wie wundervoll. Und das das ganze Jahr über – irgendein Kaktus blüht immer. Außerdem gehören zu der Anlage eine Tropfsteinhöhle und eine phänomenale Aussicht auf Meer und Fürstentum. *Tgl. 9–18, Mitte Mai–Mitte Sept. bis 19 Uhr | 62, Blvd. du Jardin Exotique | jardin-exotique.mc | 1 Std. | t3*

INSIDER-TIPP
Piksende Pflanzen, prickelnder Blick

2 COLLECTION DE VOITURES ANCIENNES

In einer prächtigen Ausstellungshalle werden etwa hundert Oldtimer aus der Fürstensammlung präsentiert, von Kutschen des Prinzen Karl III. bis hin zum Rolls-Royce Silver Cloud und zum Hispano Suiza H6B. Natürlich hat der legendäre mittelmeerblaue Bugatti 35 B, 1929 Gewinner des ersten Grand Prix von Monte Carlo, ebenso einen Ehrenplatz wie der Renault Floride von Fürstin Gracia. *Tgl. 10–18, Juli/Aug. bis 19 Uhr | 54, Route de la Piscine | palais.mc, mtcc.mc | 1½ Std. | v3*

3 PALAIS PRINCIER ★

Es ließe sich schlechter wohnen als im Palast der monegassischen Fürsten. Das findet auch die Fürstenfamilie. Seit mehreren Jahrhunderten residiert sie auf dem Felsen hoch über Monaco. Immerhin einen kleinen Einblick in ihre Gemächer gewährt sie: in den prächtigen Thronsaal, der seit dem 16. Jh. für offizielle Empfänge genutzt wird, und in die reich möblierten Grands Appartements. Von der mit Fresken dekorierten *Galerie d'Hercule* aus kann man in den wunderschönen *Cour d'Honneur* blicken. Hier wurde 2011 die Hochzeitszeremonie für Fürst Albert II. und Charlene Wittstock zelebriert. Im Südflügel des Palasts befinden sich die nicht zugänglichen Privatgemächer der Grimaldis. Jeden Tag um 11.55 Uhr findet vorm Palast die Wachablösung statt; im Winter sind die Wachen schwarz, im Sommer weiß gekleidet. *April–Mitte Okt. tgl. 10–18, Juli/Aug. bis 19 Uhr | palais.mc | 1 Std. | u3*

4 LE ROCHER

Die Altstadt Monacos ist bekannt als „der Felsen". Durch die schmalen, hügeligen Altstadtgässchen gelangt man zum Justizpalast, zur malerischen Place Saint-Nicolas, zur Gartenanlage Jardins Saint-Martin und natürlich zum Fürstenpalast. *u–v4*

5 CATHÉDRALE DE MONACO

Es gibt sie noch: alte Mauern zwischen mondänen Yachten und in den Himmel ragenden Appartementanlagen. Die 1911 geweihte Kathedrale in der Altstadt hat schon allerhand erlebt – wenn es im Fürstenhaus etwas zu feiern gibt, dann hier. Unter dem Chor befinden sich die Grabstätten der Fürstenfamilie Grimaldi, so auch die von Fürstin Gracia Patricia und Fürst

Jeden Tag um 5 vor 12, aber nur im Sommer in Weiß: Wachablösung vor dem Palais Princier

Rainier III. *Tgl. 8.30–18, Mai–Sept. bis 19 Uhr | 4, Rue Colonel Bellando de Castro | visitmonaco.com | u4*

6 MUSÉE OCÉANOGRAPHIQUE ★

Ein riesiges Meereskundemuseum, malerisch 85 m hoch über dem Mittelmeer in die Steilküste gebaut. Hobbywissenschaftler Prinz Albert I. gründete es im Jahr 1910, um die Meeresschätze allen und für alle Zeit zugänglich zu machen. Die 90 Aquarien, in denen 350 Fisch- und 100 Korallenarten leben, sind bemerkenswert. Außerdem sind viele Filme – drei von ihnen oscarprämiert – vom weltberühmten Ozeanologen Jacques-Yves Cousteau zu sehen, der 30 Jahre lang Leiter des Museums war. Und zum Schluss: auf dem Dach im Restaurant *La Terrasse* Fisch essen! *Okt.–März tgl. 10–18, April–Juni und Sept. bis 19, Juli/Aug. 9.30–20 Uhr | 2, Av. Saint-Martin | musee.oceano.org | 2 Std. | v4*

7 CASINO DE MONTE CARLO 

Du hast das Casino vielleicht noch nie live gesehen, aber es kommt in so vielen Kinofilmen vor, dass seine Silhouette eigentlich niemandem unbekannt ist. 1878 wurde es von Charles Garnier, dem Architekten der Pariser Oper, entworfen. Die verschwenderisch eingerichteten Säle des Belle-Époque-Baus sind jedem zugänglich. Die Terrasse des Casinos, eine kleine Palmenoase, ragt übers Meer und ge-

Stilvoll und authentisch: Pariser Flair am Mittelmeer in der Brasserie Quai des Artistes

währt den schönsten Ausblick bis zur italienischen Riviera.

Im selben Gebäude befindet sich die Oper, einst die Bühne des Ensembles von Sergej Diaghilev, dessen Aufführungen Anfang des 20. Jhs. durch ihren avantgardistischen Stil oft für Furore sorgten und stilbildend wirkten. Heutzutage sind die Ballett- und Opernaufführungen von Monte Carlo weltberühmt. *Besichtigung tgl. 10–13 Uhr | Place du Casino | casinomontecarlo.com, opera.mc |* *w2–3*

8 JARDIN JAPONAIS

Ein Vermächtnis von Fürstin Gracia Patricia: Nach ihren Wünschen hat der japanische Architekt Yasuo Beppu den Japanischen Garten realisiert. Eine von den Shinto-Prinzipien bestimmte, kostenfrei zugängliche Oase der Ruhe mitten im modernen Viertel Larvotto. *Tgl. 9–18, April–Okt. bis 19 Uhr | Av. Princesse Grace |* *x2*

ESSEN & TRINKEN

A'TREGO

Warum nicht mal die Bucht wechseln und auf dem Cap d'Ail essen? Zum Lunchen, zum Sonnenuntergang-Apéro im Liegestuhl oder zum Abendessen. Oder noch besser: Du hangelst dich vom einen zum anderen! Wochentags Mittagsmenü für 19 Euro! *Tgl. | Port de Plaisance | Cap d'Ail |*

Tel. 04 93 28 58 22 | restaurantatrego.com | €€€ | 🕮 F2

HALLE GOURMANDE DE LA CONDAMINE

Wo morgens um Obst und Gemüse gefeilscht wird, trifft man sich abends zu einem kleinen Essen. Erfrischend normal geht es in der über 120-jährigen Markthalle von La Condamine zu. Probier doch mal frische *barbajuans* bei *A Roca (aroca.mc):* mit Gemüse gefüllte Teigtaschen, eine Spezialität der Region. *Markt tgl. 7–15.30, Halle Gourmande 18–23 Uhr, zum Mitnehmen auch während der Marktzeiten | Place d'Armes | € | 🕮 u3*

WOO

Du bist auf der Suche nach einem leichten, vegetarischen oder veganen Lunch? Mit Sandwiches, Bowls, Salaten und Biosäften kommst du gut durch deinen Sightseeingtag. Du kannst deine Vitaminbombe mitnehmen oder an den Tischen in der Fußgängerzone essen. *So geschl. | 4, Rue Princesse Caroline | Tel. 00377 97 98 09 33 | Facebook: woomonaco | €–€€ | 🕮 u3*

HUIT ET DEMI

Lunchen in der Fußgängerzone: Es gibt mediterrane Küche und zum Dessert z. B. *fondant au chocolat,* den französischsten Nachtisch überhaupt! *Mo-Abend und So geschl. | 7, Rue Princesse Caroline | Tel. 00377 93 50 97 02 | huitetdemi.mc | €€–€€€ | 🕮 u3*

LA GELATIERA

Akazienhonig mit Orangenschalen? Schokolade-Mandarine? In La Turbie werden diese und andere klassische und außergewöhnliche Sorten für die beiden Eisdielen in Monaco hergestellt. Auch für Veganer gibts ein Eis in der Waffel. *Di–Sa 12–18 Uhr | 2, Rue Imberty | 🕮 u3; (Filiale: Mo/Di 13–18, Mi–So 13–23 Uhr | Plage du Larvotto | 🕮 x2). lagelatiera.fr*

QUAI DES ARTISTES

Südfranzösische Stimmung und Küche sucht man hier vergeblich: In der typischen Pariser Brasserie direkt am Hafen mit der Replik eines Metroeingangs und schwarz-weiß gekleideten Garçons wird die authentische traditionelle Küche der Hauptstadt zelebriert. *Tgl. | 4, Quai Antoine 1er | Tel. 00377 97 97 97 77 | quaidesartistes.com | €€ | 🕮 v3–4*

IL TERRAZZINO

Nicht schick und edel, sondern farbenfroh und leicht ist der Empfang bei Raffaele Russo. Der Eingang ist gesäumt von Obst und Gemüse, es gibt Holzstühle in Blau und Grün, das Essen ist italienisch. Ein Mittagsmenü aus Antipasti und frischer Pasta gibt es schon für 19 Euro. *So geschl. | 2, Rue des Iris | Tel. 00377 93 50 24 27 | il-terrazzino.com | €–€€ | 🕮 w2*

LA MAISON DU CAVIAR

Eines der ältesten Restaurants der Stadt. In rustikalem Ambiente sitzt du natürlich bei Kaviar, aber auch bei anderen kostspieligen Köstlichkeiten wie *foie gras* und *saumon fumé.* Ein Klassiker. *Sa-Mittag und So geschl. | 1, Av. Saint Charles | Tel. 00377 93 30 80 06 | €€€ | 🕮 w2*

SHOPPEN

Natürlich sind alle Nobeldesigner mit ihren Boutiquen vertreten. Wenn du tief in die Tasche greifen willst, sind die Straßen rund um das Casino im sogenannten *Cercle d'Or* das richtige Ziel. Gegenüber den Jardins du Casino befindet sich die Shoppingmall *Le Métropole (🕮 w2)* mit über 80 Geschäften und Boutiquen. Und im Stadtteil La Condamine *(🕮 u3)* laden um die Straßen *Rue Grimaldi* und *Rue Princesse Caroline* 200 Geschäfte zum Bummeln und Shoppen ein. Der Stadtteil Fontvieille mit dem familienfreundlichen *Centre Commercial de Fontvieille (🕮 t3)* bietet günstigere Alternativen. Im Januar und im Juli ist Schlussverkauf *(soldes)*, dann reduzieren auch Monacos Boutiquen ihre Preise.

SPORT & SPASS

BOOTSTOUREN

Bootstouren vor der Küste Monacos bietet *Riviera Navigation* an. Praktisch fürs Sightseeing zu Fuß ist der *bateau bus*, der im 20-Minuten-Takt von Monte Carlo durch den Hafen nach Monaco-Ville und zurück fährt. *Appontement de la Chicane, Quai des Etats-Unis/Port Hercule | riviera-navigation.com | 🕮 v3*

KICK AUF DEM WASSER

Stand-up-Paddling, Wakesurfen, Parasailing, Airstream: Wie das alles funktioniert? Ausprobieren! Im Sommer hält *MC Water Sports* an der *Plage Larvotto* alles für den Spaß auf dem Wasser bereit. *Sommer tgl. 9–19 Uhr | mc-watersports.com | 🕮 y1*

WELLNESS

LES THERMES MARINS ☂

In dem großen Wellness- und Beautycenter der Superlative mit Blick aufs Mittelmeer genießt du professionelle Anwendungen. Dazu gibt es ein herrliches Meerwasserschwimmbad. Leider ist das Vergnügen nicht ganz billig: Die Tageskarte kostet – ohne Behandlungen! – 150 Euro. Das ist Monaco. *2, Av. de Monte Carlo | thermesmarinsmontecarlo.com | 🕮 w3*

AUSGEHEN & FEIERN

Das Nachtleben ist Teil der Fürstentumslegende. Entsprechend groß ist das Angebot: ein exklusiver Cocktail aus Glamour, Clubbing, Galadiners und Casino. Aber auch Kulturbegeisterte sind in Monaco richtig: Zusätzlich zu den vielfältigen und hochwertigen Programmen des *Théâtre Princesse Grace (12, Av. d'Ostende | tpgmonaco.mc | 🕮 v3)* und des *Orchestre Philharmonique de Monte Carlo (Auditorium Rainier III | opmc.mc | 🕮 w3)* gibt es zahlreiche gute Musik- und Theaterfestivals.

INSIDER-TIPP
Kino an der Steilküste

In den Sommermonaten heißt es außerdem Film ab unter freiem Himmel und mit atemraubendem Blick. Beim *Monaco Open Air Cinema (Terrasse des Parking des Pêcheurs | cinemas2monaco.com | 🕮 v4)* wird jeden Abend ein anderer Film in Originalversion gezeigt.

BUDDHA BAR

Direkt im Casinogebäude tolle Loungeatmosphäre in an die Pariser Opéra Garnier erinnerndem Ambiente. Asiatische Küche (sehr gutes Sushi), Cocktails um die 17 Euro. *Mo–Sa 18–2 Uhr | Place du Casino | buddhabar.com | 🕮 w2*

SASS CAFÉ

Der perfekte Einstieg in den Abend: Die VIPs treffen sich in der Pianobar vor der langen Partynacht. Auch beliebt bei Nachtschwärmern, wenn alles andere schon geschlossen ist. *Tgl. | 11, Av. Princesse Grace | sasscafe.com | 🕮 x2*

LA NOTE BLEUE

„The Blue Note" – ein Name, der jedem Jazzfan geläufig ist. Also verbringst du deinen Abend im La Note Bleue cool und jazzy: essen und trinken am Strand bei ausgewählter Musik – mittwochs auch live – von bekannten Jazzmusikern. *Tgl. | Av. Princesse Grâce (Plage du Larvotto) | lanotebleue.mc | 🕮 x2*

LE JIMMY'Z

Selbst im mondänen Monaco ist es schwierig, ein nobleres Etablissement zu finden. Hier zeigen sich die *beautiful people* der Côte d'Azur. Von Glasflächen umgeben, wirkt der Tanzbereich wie eine grüne Oase mit dem Meer als Hintergrund. *März–Juni und Sept. Fr/Sa, Juli/Aug. Mi–Sa | 26, Av. Princesse Grace | fr.jimmyzmontecarlo.com | 🕮 x2*

Das große Portemonnaie solltest du dabeihaben in Monaco, nicht nur im Métropole

GUT ZU WISSEN

DIE BASICS FÜR DEINEN STÄDTETRIP

ANKOMMEN

ANREISE

Aus dem Westen Deutschlands geht es am schnellsten auf der Autobahn über Lyon, Orange und Aix-en-Provence nach Nizza. Länger ist die Route Napoléon über Digne-les-Bains und Grasse. Aus Nord-, Ost- und Süddeutschland führt der schnellste Weg durch Italien über Genua. Die französischen Autobahnen sind mautpflichtig, gezahlt wird bar oder mit Kreditkarte; Die genauen Gebühren kannst du dir auf *vinci-autoroutes.com* berechnen lassen. In einigen Gebieten benötigen Fahrzeuge die Umweltplakette *Crit'Air (3,72 Euro inklusive Porto).* Informationen und Bestellung unter *certificat-air.gouv.fr* (auch auf Deutsch).

Die Anreise per Bahn erfolgt je nach Ausgangsort über Paris, Lyon, Straßburg oder Mailand. Innerhalb Frankreichs verkehrt der Hochgeschwindigkeitszug TGV. *sncf-connect.com, bahn.de, sbb.ch, oebb.at*

Der Flughafen Nice-Côte d'Azur *(nice.aeroport.fr)* wird von vielen großen Städten aus angeflogen. Low-Cost-Airlines bieten gute Möglichkeiten, günstig nach Nizza zu kommen. Direkt vor den Terminals fährt – tagsüber mindestens im Zehnminutentakt – die Tramway 2 in gut 20 Minuten direkt in die Stadtmitte.

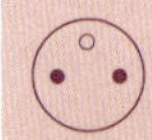

Adapter Typ E

Ein Adapter wird eigentlich nicht benötigt. Allerdings haben viele Steckdosen einen dritten Sicherheitsstift, der nicht bei allen deutschen Steckern berücksichtigt ist. Wenn du sichergehen möchtest, nimm also einen Adapter mit.

Vom Flughafen zum Hafen: Port Lympia, die Endhaltestelle der Straßenbahnlinie T2

Auch mit dem Fernbus kommst du nach Nizza: *Flixbus (flixbus.de)* fährt z. B. in zwölf Stunden von München nach Nizza.

KLIMA & REISEZEIT

Im Juli und August hat Frankreich Ferien: Das ist die heißeste – und teuerste! – Zeit. April–Juni und September/ Oktober sind ideal. Aber auch die anderen Monate sind sonnig und mild. Wunderschön ist die Zeit der Mimosenblüte ab Ende Januar.

NSIDER-TIPP
Leuchtendes Gelb mitten im Winter

MOBIL SEIN

ÖFFENTLICHE VERKEHRSMITTEL

Das öffentliche Verkehrsnetz aus Bussen und Straßenbahn *(tramway)* heißt *Lignes d'Azur (lignesdazur.com)*. Es gibt drei Tramlinien, die T2 führt vom Flughafen ins Zentrum und weiter in den Hafen. Am Automaten oder einer Verkaufsstelle kauft man eine aufladbare Karte (2 Euro), die man sich bei Rückgabe erstatten lassen kann. Das Einzelticket kostet 1,70 Euro, ein Tagesticket 7 und ein Wochenticket 20 Euro, ein Ticket für die Hin- und Rückfahrt vom und zum Flughafen 10 Euro. Geht es aus Nizza raus, nimmst du einen Zou-Bus *(zou.maregionsud.fr)*. Hier kostet die Einzelfahrt 2,50 Euro.

Mit dem Regionalzug *(ter.sncf.com)* kommt man von Nizza aus u. a. nach Antibes, Cannes und Monaco. Fahrzeiten und Tarife (einfache Fahrt): Antibes (ca. 20 Min.) 5,20 Euro; Cannes (ca. 30 Min.) 7,90 Euro; Monaco (ca. 20 Min.) 4,40 Euro.

FAHRRADVERLEIH

An rund 160 Stationen bietet *Vélobleu (velobleu.org)* 1300 Fahrräder und E-Bikes zum Verleih an. Eine Übersicht mit allen Stationen gibt es auf der Website. An jeder Station steht ein Automat, an dem man sich anmeldet (3 Euro/Tag), das Fahrrad ausleiht (erste halbe Stunde gratis, zweite halbe Stunde 1 Euro, jede weitere Stunde 2 Euro) und gleich in die Pedale steigt. Ein anderer Anbieter ist *Bike Trip (21, Rue de Rivoli | rent-bike.fr | Tramway 2 Alsace-Lorraine | ◫ a–b5).*

TAXI

Zentrales Taxiunternehmen ist *Taxi Riviera (Tel. 04 93 13 78 78 | taxis-nice.fr).* Mit der App Riviera Taxi kannst du direkt ein Taxi bestellen und den maximalen Tarif deiner Fahrt sehen.

PARK & RIDE

Das Park-&-Ride-System ermöglicht es, ganz aufs Auto zu verzichten. Beim Kauf eines Tramtickets ist das Parkhaus kostenlos. Aber Achtung: Geeignet nur für einen Tagesausflug, denn das Auto muss (!) nachts weggefahren werden. *short.travel/niz6*

GRÜN & FAIR REISEN

Du willst beim Reisen deine CO_2-Bilanz im Hinterkopf behalten? Dann kannst du deine Emissionen kompensieren *(atmosfair.de; myclimate.org)*, deine Route umweltgerecht planen *(routerank.com)* oder auf Natur und Kultur *(gate-tourismus.de)* achten. Mehr über ökologischen Tourismus erfährst du hier: *oete.de* (europaweit); *germanwatch.org* (weltweit).

MIETWAGEN

Am Flughafen Nizza sind an beiden Terminals die großen Mietwagenanbieter vertreten. Du kannst auch über die Carsharing-Plattform *Ouicar (ouicar.fr)* von privaten Autobesitzern ein Auto in allen Preisklassen mieten.

VOR ORT

AUSKUNFT

- *Office de Tourisme Nice | 5, Promenade des Anglais | Tel. 04 92 14 46 14 | explorenicecotedazur.com | ◫ b5*
- *nice.fr* ist die offizielle Website der Stadt Nizza mit Nachrichten, Kultur und touristischen Infos.
- *Office de Tourisme Antibes | Place Guynemer | Antibes | Tel. 04 92 22 10 60 10 | ◫ k3; 60, Chemin des Sables | Juan-les-Pins | Tel. 04 22 10 60 01 | antibesjuanlespins.com | ◫ j6*
- *Office de Tourisme Cannes | Palais des Festivals, 1, Blvd. de la Croisette | Tel. 04 92 99 84 22 | cannes-france.com | ◫ o3*
- *Office de Tourisme Monaco | 2a, Blvd. des Moulins | Tel. 00377 92 16 61 16 | visitmonaco.com | ◫ w2*

CAMPING

In Nizza selbst gibt es keine Campingplätze. Die Campingmöglichkeiten in der näheren Umgebung sind unter *explorenicecotedazur.com/preparer/hebergements/campings/* einzusehen. Dort gibt es eine große Auswahl entlang der Küste und im Hinterland. Eine ganze Reihe von Campingplätzen gibt es in Antibes *(antibesjuanlespins.com)*.

EINTRITTSPREISE

Die Preise für Museen liegen zwischen 5 (Fotomuseum) und 12 Euro (Musée Matisse). Sparen kannst du mit dem Pass Musées 4 jours und mit dem French Riviera Pass (s. unten unter „Kulturpässe"). Teurer sind große, berühmte Museen wie die Fondation Maeght (16 Euro), das Ozeanografische Museum in Monaco (19 Euro) oder die Villa Ephrussi de Rothschild (16 Euro), während das Musée Picasso in Antibes nur 8 Euro verlangt.

FEIERTAGE

1. Jan.	Neujahr *(Jour de l'An)*
März/April	Ostermontag *(Lundi de Pâques)*
1. Mai	Tag der Arbeit *(Fête du Travail)*
8. Mai	Kriegsende 1945 *(Victoire des Alliés en 1945)*
Mai/Juni	Himmelfahrt *(Ascension)*
Mai/Juni	Pfingstmontag *(Lundi de Pentecôte)*
14. Juli	Nationalfeiertag Frankreich *(Fête Nationale)*
15. Aug.	Mariä Himmelfahrt *(Assomption)*
1. Nov.	Allerheiligen *(Toussaint)*
11. Nov.	Kriegsende 1918 *(Armistice 1918)*
19. Nov.	Nationalfeiertag Monaco *(Fête Nationale)*
25. Dez.	Weihnachten *(Noël)*

GEPÄCKAUFBEWAHRUNG

Neben den Gepäckaufbewahrungen am Bahnhof und Flughafen findest du auch im Zentrum Läden, wo du dein Gepäck abgeben kannst:

- *Bag Guys (tgl. 10–19 Uhr | 34, Rue Centrale/Place Rossetti | bagguys.fr | 🕮 b9)*
- *My Bag in Nice (tgl. 10–18 Uhr | 12, Rue Jules Gilly | myconciergeinnice.com | 🕮 b9)*
- *Luggage Storage Nice (Mo–Sa 10–19 Uhr | 3, Rue Cassini | luggagestoragenice.fr | 🕮 c8)*

WAS KOSTET WIE VIEL?

Kaffee	2,50 Euro *für einen Espresso*
Souvenir	6 Euro *für ein Glas Orangenmarmelade vom Markt*
ÖPNV	7 Euro *für eine Tageskarte für Bus und Tram*
Pan bagnat	ab 5,50 Euro *für ein mit salade niçoise gefülltes Brötchen*
Aperitif	5,50 Euro *für einen Pastis*
Strandliege	ab 20 Euro *pro Tag in der Hochsaison*

JUGENDHERBERGE & HOSTELS

Nizzas Jugendherberge liegt zentral: *Les Camélias (3, Rue Spitalieri | Tel. 04 93 62 15 54 | hihostels.com | Tramway 1, 2 Jean Médecin | 🕮 a7)*. Außerdem gibt es Hostels, die günstig und zentral gelegen sind. Die *Villa Saint Exupéry (6, Rue Sacha Guitry | Tel. 04 93 16 13 45 | villahostels.com | Tramway 1 Masséna | 🕮 a8)* z. B. liegt in unmittelbarer Nähe der Place Masséna. Eine weitere Alternative für kleines Budget: das *Hostel Meyerbeer (15,*

Rue Meyerbeer | Tel. 04 93 88 95 65 | hostelmeyerbeer.com | Tramway 2 Alsace-Lorraine | (🕮 b5).

KULTURPÄSSE

Für geballten Kulturgenuss lohnt sich der *French Riviera Pass (frenchrivierapass.com)*. Zur Wahl stehen 24-, 48- und 72-Stunden-Tickets *(28/40/59 Euro)*. Dafür kommst du gratis in verschiedene Museen in Nizza, Antibes, Monaco und weiteren Orten und erhältst bei zahlreichen weiteren Anbietern Vergünstigungen, Gratistouren, die unbegrenzte Nutzung des Panoramabusses und mehr.

Mit dem *Pass Musées 4 jours* für 15 Euro, den du direkt in den elf städtischen Museen erhältst, kannst du dich auf einen Museumsmarathon begeben und in 96 Stunden so viele von ihnen besichtigen, wie du möchtest.

ÖFFNUNGSZEITEN

Die Geschäfte sind Mo–Sa geöffnet, in der Regel von 10 bis 19 Uhr. Kleine Boutiquen schließen oft über Mittag und sind teilweise montags zu. In der Altstadt haben einige Geschäfte auch sonntags geöffnet. Auch viele Supermärkte haben sonntags halb- oder ganztags geöffnet. Die städtischen Museen sind dienstags geschlossen, die meisten anderen Museen haben montags Ruhetag. Die französischen Essenszeiten liegen zwischen 12 und 14 sowie 19 und 22 Uhr; davor und danach ist die Küche meist geschlossen. Viele Restaurants legen ihre mehrwöchigen Betriebsferien in die Wintermonate.

SCHIFFSAUSFLÜGE

Küstenfahrten zum Cap Ferrat und zurück sowie nach Cannes, Monaco und Saint-Tropez bietet *Trans Côte d'Azur*

Oben ohne über die Promenade: Wer kein Cabrio hat, nimmt den Panoramabus

(Quai Lunel | trans-cote-azur.com) von April bis Oktober an. Ganzjährig geht es von Cannes auf die Îles de Lérins.

SEGWAY-TOUREN & E-ROLLER

Statt zu Fuß kannst du die Stadt auch rollend erkunden. *Mobilboard (tgl. 9.30–18.30, im Sommer bis 19.30 Uhr | 2, Rue Halévy | mobilboard.com | b5)* bietet Touren unterschiedlicher Länge mit dem Segway an – von der 30-minütigen Einsteigertour für 17 Euro bis zur 15 km langen Strecke nach Villefranche-sur-Mer (75 Euro). Natürlich kannst du aber auch allein mit einem Segway auf Tour gehen oder mit E-Rollern, die Mobilboard ebenfalls verleiht.

STADTFÜHRUNGEN

Die umfangreichste Tour ist eine Fahrt durch Nizza mit dem *Panoramabus*

(tgl. 10–17, April–Okt. bis 18 Uhr | Tageskarte 23 Euro, Zweitageskarte 26 Euro | nicelegrandtour.fr). Die komplette Rundfahrt dauert eineinviertel Stunden. Es gibt zwölf Haltestellen, an denen du beliebig zu- und aussteigen kannst. Die Tour führt die gesamte Promenade entlang, dann durchs Hafenviertel bis zum Mont Boron und weiter in den Stadtteil Cimiez. Es gibt einen Audioguide auf Deutsch.

Der kleine *Touristenzug (in der Saison tgl. 10–18.30 Uhr | 12 Euro, Kinder 4–12 Jahre 6 Euro | francevoguette.com)* startet am Jardin Albert 1er auf der Promenade des Anglais. Du kannst zwischen einer Tour durch die Stadt (45 Min.) und einer Tour auf den Schlosshügel (50 Min.) wählen. Auch hier gibt es einen Audioguide auf Deutsch.

Umweltschonend bist du mit den Fahrradtaxis von *Cyclo Nice (nicecitytour.com)* unterwegs. Du kannst entweder eine Stadtrundfahrt machen oder dich einfach nur von einem Ort zum anderen bringen lassen. Standorte: Hauptbahnhof, Av. Jean Médecin/ Nicetoile, Place Masséna, Place Magenta, Promenade des Anglais/Casino Ruhl.

Auf Englisch geführte Fahrradtouren durch die Stadt bietet *Nice Cycle Tours (nicecycletours.com)* an. Die dreistündige *Nice Cycle Tour (35 Euro)* führt zu allen Highlights und gibt einen tollen Überblick über die Stadt. Vom selben Anbieter gibt es – ohne Fahrrad – gastronomische Touren wie *The Pure Nice Food Tour (ab 85 Euro),* bei der man an zehn Stationen Traditionen und Geschichten rund um Nizza und seine

Als Souvenir ein unverwüstlicher Klassiker: Nachdrucke alter Werbeplakate

Speisen erfährt. Für Weinfreunde ist die *Tour de France of Organic Wine (80 Euro)* das Richtige.

STRANDLIEGEN

Neben den frei zugänglichen Strandabschnitten gibt es in Nizza zahlreiche sogenannte *plages privées*. Dort werden von April bis Oktober tage-, manchmal auch halbtageweise Liegen und Sonnenschirme ab 20 Euro pro Liege vermietet. Es gibt Umkleidekabinen mit Duschen sowie ein Restaurant. Manche Strände berechnen einen Aufschlag für eine Liege in der ersten Reihe.

TELEFON & HANDY

Die Vorwahl für Frankreich ist 0033. Innerhalb Frankreichs gibt es keine Vorwahlen, es muss immer die vollständige, zehnstellige Nummer gewählt werden. Bei Anrufen aus dem Ausland entfällt die Null am Anfang. Vorwahl für Monaco: 00377. Vorwahl für Deutschland 0049, für Österreich 0043, für die Schweiz 0041.
Das Handy heißt auf Französisch *portable*. Wer sich eine Prepaidkarte *(carte prepayée)* kaufen möchte, bekommt diese z. B. bei den großen Anbietern sfr *(sfr.fr)*, Orange *(orange.fr)* und Bouygues *(bouyguestelecom.fr)*.

TRINKGELD

Die Höhe des Trinkgelds *(pourboire)* liegt im eigenen Ermessen. Man lässt sich zunächst immer erst das Wechselgeld bringen und lässt das Trinkgeld dann vor dem Verlassen des Restaurants auf dem Tisch liegen.

VERANSTALTUNGSTIPPS

Veranstaltungshinweise findest du täglich in der „Nice Matin". Die kostenlose „La Strada", die zweiwöchentlich erscheint und an öffentlichen Orten ausliegt, informiert über Musik-, Tanz-, Theater- und Literaturveranstaltungen sowie Ausstellungen. Auf der Website vom Office de Tourisme sind unter *nicetourisme.com/agenda* alle aktuellen Veranstaltungen ausführlich aufgeführt.

ZOLL

Innerhalb der EU dürfen alle Waren für den persönlichen Bedarf frei ein- und ausgeführt werden. Obergrenzen gibt es bei Zigaretten (800 Stück), Tabak (1 kg) und Spirituosen (10 l). Für die Schweiz hingegen gelten wesentlich geringere Freimengen, u.a. 250 Zigaretten, 5 l Wein oder andere alkoholische Getränke unter 18%, 5 l Speiseöl, 1 l Spirituosen über 18 %.

NOTFÄLLE

DIPLOMATISCHE VERTRETUNGEN

– *Deutsches Honorarkonsulat | 81, Rue de France | Tel. 04 93 83 55 25 | allemagneenfrance.diplo.de | a5*
– *Österreichisches Honorarkonsulat | 5, Rue de la Préfecture | Tel. 04 93 87 01 31 | bmeia.gv.at | b9*
– *Schweizer Konsulat | 7, Rue d'Arcole | Marseille | Tel. 04 96 10 14 10 |*

GESUNDHEIT

Bei Inanspruchnahme ärztlicher Leistungen benötigst du deine Europäische Krankenversicherungskarte EHIC. Sollte der Arzt oder das Krankenhaus diese nicht akzeptieren, lass dir das Behandlungsformular *feuille de soins* geben, auf dem die erbrachten Leistungen vermerkt sind, und reich dieses bei der heimischen Kassen zur Erstattung ein.

NOTRUF

Tel. 1 12

WETTER IN NIZZA

Hauptsaison (Mai–Sept.) / Nebensaison

	JAN.	FEB.	MÄRZ	APRIL	MAI	JUNI	JULI	AUG.	SEPT.	OKT.	NOV.	DEZ.
Tagestemperaturen	13°	13°	15°	17°	20°	24°	27°	27°	25°	21°	17°	13°
Nachttemperaturen	4°	5°	7°	9°	13°	16°	18°	18°	16°	12°	8°	5°
Sonnenschein Stunden/Tag	5	6	6	8	9	10	12	11	9	7	5	5
Niederschlag Tage/Monat	7	6	6	7	6	3	2	3	6	8	8	7
Wassertemperatur in °C	13	12	13	14	16	20	22	23	21	19	16	14

Sonnenschein Stunden/Tag · Niederschlag Tage/Monat · Wassertemperatur in °C

SPICKZETTEL FRANZÖSISCH

SMALLTALK

ja/nein/vielleicht	oui/non/peut-être	ui/nong/pöhtätr
bitte	s'il vous plaît	ßil wu plä
danke	merci	märßih
Gute(n) Morgen!/Tag!/ Abend!/Nacht!	Bonjour!/Bonjour!/ Bonsoir!/Bonne nuit!	bongschuhr/ bongschuhr/bongßoar/ bonn nüi
Hallo!/Tschüss!/Auf Wiedersehen!	Salut!/Salut!/Au revoir!	ßalü/ßalü/o rövoar
Ich heiße …	Je m'appelle …	schö mapäll …
Ich komme aus …	Je suis de …	schö süi dö …
Entschuldigung!	Pardon!	pardong
Wie bitte?	Comment?	kommang
Das gefällt mir (nicht).	Ça (ne) me plaît (pas).	ßa (nö) mö plä (pa)
Ich möchte …	Je voudrais …	schö wudrä
Haben Sie?	Avez-vous?	aweh wu

ZEIGEBILDER

ESSEN & TRINKEN

Die Speisekarte, bitte.	La carte, s'il vous plaît.	la kart ßil wu plä
Könnte ich bitte … haben?	Puis-je avoir … s'il vous plaît?	püischö awoar … ßil wu plä
Flasche/Karaffe/Glas	bouteille/carafe/verre	buteij/karaf/wär
Messer/Gabel/Löffel	couteau/fourchette/ cuillère	kutoh/furschät/ küijär
Salz/Pfeffer/Zucker	sel/poivre/sucre	ßäl/poawr/ßükr
Essig/Öl	vinaigre/huile	winägr/üil
Milch/Sahne/Zitrone	lait/crème/citron	lä/kräm/ßitrong
mit/ohne Eis/ Kohlensäure	avec/sans glaçons/ gaz	awäk/ßang glaßong/ gaß
Vegetarier(in)	végétarien(ne)	weschetarijäng/ weschetarijänn
Ich möchte zahlen, bitte.	Je voudrais payer, s'il vous plaît.	schö wudrä pejeh ßil wu plä

NÜTZLICHES

Wo ist …?/Wo sind …?	Où est …?/Où sont …?	u ä …/u ßong …
Wie viel Uhr ist es?	Quelle heure est-il?	käl ör ät il
heute/morgen/gestern	aujourd'hui/demain/ hier	oschurdüi/dömäng/ jähr
Wie viel kostet …?	Combien coûte …?	kombjäng kuht …
Wo finde ich einen Internetzugang/WLAN?	Où puis-je trouver un accès à internet/wi-fi?	u püische truweh äng akßä a internet/wifi
Hilfe!/Achtung!	Au secours!/Attention!	o ßökuhr/attangßjong
Fieber/Schmerzen	fièvre/douleurs	fiäwrö/dulör
Apotheke/Drogerie	pharmacie/droguerie	farmaßi/drogöri
offen/geschlossen	ouvert/fermé	uwär/färmeh
gut/schlecht	bon/mauvais	bong/mowä
links/rechts/geradeaus	à gauche/à droite/ tout droit	a gohsch/a droat/ tu droa
Panne/Werkstatt	panne/garage	pann/garahsch
Fahrplan/Fahrschein	horaire/billet	orär/bije
0/1/2/3/4/5/6/7/8/9/ 10/100/1000	zéro/un, une/deux/ trois/quatre/cinq/six/ sept/huit/neuf/dix/ cent/mille	sero/äng, ühn/döh/ troa/katr/ßänk/ßiß/ ßät/üit/nöf/diß/ßang/ mil

LESESTOFF & FILMFUTTER

DAS HAUS AM MEERESUFER

Während der Blütezeit des Bauhauses entwirft die Architektin Eileen Gray ihre legendäre Villa E.1027 in Roquebrune-Cap-Martin. Joséphine Nicolas versetzt dich mit ihrem Roman von 2023 in den Rausch der 1920er-Jahre.

NUR BLAU

Bernhard Aichners fesselnder Roman von 2006 ist die Geschichte von Jo, der, besessen von Yves Kleins Blau, einem Bild hinterherjagt. Dabei kreuzen sich die Schicksale von Menschen, die sich durch das Werk auf unterschiedliche Art ihr Glück erhoffen.

ÜBER DEN DÄCHERN VON NIZZA

Alfred Hitchcocks Klassiker von 1955 mit Grace Kelly und Cary Grant spielt an der Côte d'Azur – Nizza in den 1950er-Jahren und Grace Kelly in Cannes, wo sie im selben Jahr Fürst Rainier kennenlernte.

VERHÄNGNISVOLLE LÜGEN AN DER CÔTE D'AZUR

Im neunten Fall des Kommissars Duval (2022) lässt die in Cannes lebende Autorin Christine Cazon den Romanhelden im Hinterland ihrer Heimatstadt ermitteln.

PLAYLIST QUERBEET

0:58

RAOUF – MA BELLE VILLE
Der Rapper singt über seine Stadt nach dem Attentat auf der Promenade des Anglais im Jahr 2016.

PRISCILLA BETTI – LA VIE SAIT
Die Schauspielerin und Sängerin landete mehrfach Platzierungen in den französischen Charts.

JENIFER – LES CHOSES SIMPLES
Französischer Pop von der Nizzaerin und Jurorin der französischen Ausgabe von The Voice Kids.

THE AVENER – BEAUTIFUL
Der DJ und Musikproduzent aus Nizza war schon 2014 mit „Fade Out Lines" auf Platz 1 der deutschen iTunes-Charts.

TOMAS ET SES MERRY BOYS – NISSA LA BELLA
Die inoffizielle Hymne Nizzas. Der Text in Nissart stammt aus dem Jahr 1903.

Den Soundtrack zum Urlaub gibt's auf **Spotify** unter **MARCO POLO France**

Oder Code mit Spotify-App scannen

AB INS NETZ

LIGNES D'AZUR
Wann komme ich von wo wohin? Von deinem aktuellen Standort ermittelt dir diese App, wie du am besten zu deinem Ziel kommst.

LE MOT DU JOUR
Diese App erklärt dir jeden Tag eine Vokabel – mit Übersetzung, Aussprache und Beispielsatz.

AUFILDESMOTS.BIZ
Was ein Reiseführer nicht bieten kann, findest du auf dem Blog der Autorin Christine Cazon: Reportagen, die dich zu versteckten Geschichten und besonderen Menschen führen.

AZURBLAU.FR
Aila Stöckmann informiert auf ihrer Website über Veranstaltungen und ihre persönlichen Côte-d'Azur-Highlights.

CONFITURE-DE-VIVRE.DE
Sandy Neumann, Bloggerin und Food-Fotografin, liebt die französische Küche. Von Aprikosentartelettes bis Trüffelrisotto findest du hier alle erdenklichen Südfrankreich-Rezepte.

TRAVEL PURSUIT

DAS MARCO POLO URLAUBSQUIZ

Weißt du, wie Nizza tickt? Teste hier dein Wissen über die kleinen Geheimnisse und Eigenheiten von Stadt und Leuten. Die Lösungen findest du in der Fußzeile. Und ganz ausführlich auf den S. 20–25.

❶ Was findet sich in der Spezialität Nizzas, dem *pan bagnat*?
a) Gewürzgurken
b) gegrillte Paprika
c) gekochte Eier

❷ Als was verdiente sich Catherine Ségurane ihr Geld, bevor sie zur Volksheldin wurde?
a) Wäscherin
b) Amme
c) Magd

❸ Wer konnte sein Glück über den Anblick des Lichts an der Côte d'Azur nicht fassen?
a) Pablo Picasso
b) Marc Chagall
c) Henri Matisse

❹ Durch welche Farbe bestechen die Kunstwerke Yves Kleins?
a) Grün
b) Blau
c) Gelb

❺ Wie heißen die typischen Oliven aus Nizza?
a) Cailletier
b) Caillette
c) Caillasse

❻ Welcher Wein stammt aus den Hügeln von Nizza?
a) Côtes de Provence
b) Côteaux Varois
c) Bellet

Lösungen: 1c, 2a, 3c, 4b, 5a, 6c, 7b, 8b, 9a, 10b, 11b, 12c

Wie heißt der Wein, dessen Trauben hier in den Hügeln über Nizza gelesen werden? Frage 6!

❼ Nervenkitzel pur bei einem Klettersteig, einer Via Ferrata, in …

a) Colomars
b) La Brigue
c) Falicon

❽ In welchem Jahr wurde Nizza per Volksabstimmung Frankreich zugesprochen?

a)1789
b)1860
c)1918

❾ Wer entwarf im Jahr 1950 das Original des Blauen Stuhls?

a) Charles Tordo
b) Jean-Michel Wilmotte
c) Stéphane Rousson

❿ Was für eine Schlacht findet im Nizzaer Karneval statt?

a) Eine Orangenschlacht
b) Eine Blumenschlacht
c) Eine Tomatenschlacht

⓫ Warum ertönt täglich um 12 Uhr ein Kanonenschuss?

a) Weil um diese Uhrzeit das Ergebnis der Volksabstimmung bekanntgegeben und Nizza Frankreich zugesprochen wurde
b) Weil er an die Gewohnheit eines schottischen Offiziers erinnert, der seine Frau so an das pünktliche Mittagessen erinnerte
c) Weil damit seit jeher die letzte Stunde des Wochenmarkts auf dem Cours Saleya eingeläutet wird

⓬ Wofür stehen die sieben bunt beleuchteten Statuen auf der Place Masséna?

a) Für die sieben Weltwunder
b) Für die sieben freien Künste in der Antike
c) Für die sieben Kontinente

REGISTER

LOB ODER KRITIK? WIR FREUEN UNS AUF DEINE NACHRICHT!

Trotz gründlicher Recherche schleichen sich manchmal Fehler ein. Wir hoffen, du hast Verständnis, dass der Verlag dafür keine Haftung übernehmen kann.

MARCO POLO Redaktion • MAIRDUMONT • Postfach 31 51
73751 Ostfildern • info@marcopolo.de

Impressum
Titelbild: Hotel Negresco an der Promenade des Anglais (Schapowalow: S. Kremer)
Fotos: W. Dieterich (10, 12, 57, 71, 83, 84, 102, 150); huber-images: M. Borchi (14/15), P. Evangelista (114/115, 144/145, 154/155), G. Gräfenhain (21, 48/49), J. Huber (134/135), S. Kremer (124/125), F. Lukasseck (111), S. Raccanello (Klappe vorne außen, Klappe vorne innen/1), L. Vaccarella (8/9, 16); J. Kimpfler (159); Laif: P. Adenis (26/27, 88/89), Bungert (106), R. Marshall (121, 140); Laif/hemis.fr: M. Cavalier (13), C. Moirenc (24, 64, 86/87, 156/157); Laif/Le Figaro Magazine: G. Lecoeur (36/37); Laif/New York Times: F. Keyser (130/131); mauritius images/age fotostock: V. Trillaud (22); mauritius images/Alamy: (39, 109), Arterra Picture Library (11), A. Astes (143), W. Dieterich (72), V. Drozdin (139), A. Friedel (132), R. Glinsky (96/97, 148/149), R. Hackenberg (63), R. Hems (90/91), G. Liguori (75), LS Photos (47), Mandogia Media (92/93), Marco Rubino Photography (33), Martin Norris Travel Photography (66/67), E. Nathan (2/3), niceartphoto (41, 76), A. Rotenberg (122/123), Y. Samarakoon (60), VP (129), T. E. White (94/95), D. Zylberyng (44); mauritius images/hemis.fr: R. Mattes (6/7); mauritius images/robertharding: S. Black (112/113), E. Scriven (119); mauritius images/Westend61: W. Dieterich (4); Shutterstock: F. Page (52/53), SvetlanaSF (78/79)

8., aktualisierte Auflage 2024
© MAIRDUMONT GmbH & Co. KG, Ostfildern
Autorin: Jördis Kimpfler; Redaktion: Nikolai Michaelis; Bildredaktion: Anja Schlatterer
Kartografie: © 2024 KOMPASS-Karten GmbH, A-6020 Innsbruck; MAIRDUMONT, D-73751 Ostfildern (S. 98–99, 101, 104, 108, 112, Umschlag innen, Umschlag außen, Faltkarte); © 2024 KOMPASS-Karten GmbH, kompass.de unter Verwendung von © OpenStreetMap Contributors, osm.org/copyright (S. 28–29, 31, 35, 40, 43, 50, 54–55, 68–69, 80–81, 116–117, 126–127, 136–137)
Als touristischer Verlag stellen wir bei den Karten nur den De-facto-Stand dar. Dieser kann von der völkerrechtlichen Lage abweichen und ist völlig wertungsfrei.
Gestaltung Cover, Umschlag und Faltkartencover: bilekjaeger_Kreativagentur mit Zukunftswerkstatt, Stuttgart
Gestaltung Innenlayout: Langenstein Communication GmbH, Ludwigsburg
Spickzettel: in Zusammenarbeit mit PONS Langenscheidt GmbH, Stuttgart
Konzept Coverlines: Jutta Metzler, bessere-texte.de

Printed in Poland

MARCO POLO AUTORIN
JÖRDIS KIMPFLER
Côte d'Azur für immer? So war das nicht geplant! Aus einem Zwischenstopp wurden mehr als 20 Jahre. Da passt viel rein – fast 6000 Sonnentage, über 700 Restaurantbesuche, um die 1000 Croissants, unzählige Ausflugskilometer. Städte, Meer, Berge? Alles da im südöstlichen Zipfel von Frankreich. Das Beste, Interessanteste und Wichtigste davon hat unsere Autorin für dich herausgepickt.

BLOSS NICHT!

FETTNÄPFCHEN UND REINFÄLLE VERMEIDEN

KLEINE PARKLÜCKEN WÄHLEN

Für Franzosen hat das Auto lange nicht den Stellenwert wie für Deutsche. Enge Parklücken? Auch wenn du selbst beim Einparken zentimetergenauen Abstand hältst, dein Vorder-, Hinter- oder Nebenmann sieht das möglicherweise nicht so eng.

BADESCHUHE VERGESSEN

Nizzas Strände sind Steinstrände. Das Wasser ist dadurch zwar klar und blau – aber es läuft sich nicht sehr elegant auf den mal großen, mal kleinen Kieseln – und es pikst! Mit Badeschlappen wird der Weg vom Handtuch zum Wasser kein Problem.

MITTAGS SHOPPEN GEHEN

Die Mittagspause ist heilig. Selbst in einer Großstadt wie Nizza und selbst an einem Samstag, wenn der Tag oft um 12 Uhr erst richtig losgeht, schließen viele Geschäfte mittags ihre Türen, ebenso viele Museen. In der Mittagszeit lehnst du dich also am besten einfach zurück und genießt das Leben!

ROAMING AKTIVIEREN

Nimm dich bloß in Acht vor den hohen Roaminggebühren in Monaco! Die Roamingverordnung der EU findet in dem Fürstenstaat nämlich keine Anwendung. Wer da unbedacht telefoniert oder im Netz surft, kann eine teure Überraschung erleben.

„STIMMT SO" SAGEN

Auch ein französischer Kellner freut sich über Trinkgeld *(pourboire)*, aber mit „Stimmt so" und Ähnlichem kann er überhaupt nichts anfangen. Er wird dir stets auf den Cent genau herausgeben. Das Trinkgeld lässt man dann beim Gehen auf dem Tellerchen zurück.